对日汉语教师培训系列
日本人に教えるための中国語教員トレーニングシリーズ

对日汉语
语音教学法

怎样教日本人汉语语音

中国語の発音の教えかた 日本人学習者にどう教えるか

古川裕（日） 刘富华 **主编**

刘富华 吕文杰 东孝拓（日） **著**

北京语言大学出版社
BEIJING LANGUAGE AND CULTURE
UNIVERSITY PRESS

图书在版编目（CIP）数据

对日汉语语音教学法 /（日）古川裕，刘富华主编；刘富华，吕文杰，（日）东孝拓著. -- 北京：北京语言大学出版社，2014.10（2015.8重印）

ISBN 978-7-5619-3955-0

Ⅰ. ①对…　Ⅱ. ①古…　②刘…　③吕…　④东…　Ⅲ. ①汉语-语音-对外汉语教学-教学法　Ⅳ. ①H195.3

中国版本图书馆 CIP 数据核字（2014）第 241356 号

书　　名： 对日汉语语音教学法
DUI RI HANYU YUYIN JIAOXUEFA
责任印制： 姜正周

出版发行： 北京语言大学出版社
社　　址： 北京市海淀区学院路 15 号　　**邮政编码：** 100083
网　　址： www.blcup.com
电　　话： 发行部　010-82303650 / 3591 / 3651
编辑部　010-82303647 / 3592 / 3395
读者服务部　010-82303653
网上订购电话　010-82303908
客户服务信箱　service@blcup.com
印　　刷： 北京京华虎彩印刷有限公司
经　　销： 全国新华书店

版　　次： 2014 年 10 月第 1 版　　2015 年 8 月第 2 次印刷
开　　本： 889 毫米 × 1194 毫米　1/16　**印张：** 11.25
字　　数： 151 千字
书　　号： ISBN 978-7-5619-3955-0 / H · 14229
定　　价： 36.00 元

凡有印装质量问题，本社负责调换。电话： 82303590

目录
目次

前 言

日本文部省公布的数据显示，1993年日本全国有154所高中开设了汉语课，到2009年开设汉语课的高中达到了831所，增长速度惊人。汉语教师的数量已经远远满足不了实际的教学需要。在对日本汉语教师进行培训的过程中，我们发现受训的日本汉语教师大多数自身汉语水平很高，但是教学水平亟待提高，师资培训迫在眉睫，编写适合日本汉语教师使用的培训教材就成了当务之急。

自2004年起，受国家汉办委托，我们承担了日本高中汉语教师培训项目。时至今日，历时九载，由于各方倾尽全力，培训工作取得了令人鼓舞的成果，颇受各方好评。培训过程中，我们不断完善培训材料，这部教材就是在以往培训课程的语音教材的基础上，结合日本高中汉语教师的教学经验、日本汉语学习者的学习经验以及我们的培训经验，反复研磨而成的。

针对性、实用性、趣味性是本教材最重要的特色。

本教材的使用者是日本的汉语教师，在编写的过程中我们充分考虑了这一点，内容都是根据日本汉语教师的实际需要，结合我们对日汉语教学、对日本汉语教师培训的经验精心选择的，充分体现了日本学习者学习汉语语音的重点和难点；本书所提供的教学方法都是针对日本汉语学习者的，比一般的语音教材更适合日本汉语教师采用，比如在教授汉语声调时，我们选择的音节是“衣 yī、疑 yí、以 yǐ、意

yì”，而不是传统的“妈 mā、麻 má、马 mǎ、骂 mà”，就是充分考虑了日本汉语学习者的实际情况，针对性更强。

本书的主体部分——“课堂教学”采用了课堂教学实录的形式，将教学过程完整地展示给读者，为学习者提供了一个范例。读者既可以作为参考，也可以直接借鉴使用。所采用的教学方法充分考虑了日本汉语学习者的实际情况，注意发挥他们的优势，适时引导，突破难点，而且易于掌握，实用性很强。

“课堂教学”部分的语言力求真实，自然；要领讲解都是结合直观图像，边说边做，通过实际操作，自然而然轻松掌握，毫无枯燥感；练习的编排注意充分调动学生积极性，避免课堂沉闷；教材编写过程中，我们始终注意运用直观图片、实物教具、课堂游戏等手段有效地实现教学目标，让学习者学在其中，乐在其中。

除了日本的汉语教师，本书还可以供在华对日汉语教师以及有志于从事对日汉语教学工作的人士使用，亦可作为对外汉语专业的参考教材。

本教材是在教学过程中逐渐完善而成的，是教学经验的积累和升华，希望能对针对日本学生的汉语语音教学作出一些贡献。由于编者水平有限，不当之处在所难免，恳请广大读者斧正。

编者

まえがき

日本の文部科学省によると、中国語の授業を実施している高等学校の数は 1993 年の 154 校から、2009 年には 831 校まで増加しました。これは驚くべきスピードです。ただ、現在の中国語教師の数はこの需要をまかなえていないというのが現状です。また、私たちが行っている日本の高等学校の中国語教師を対象とした中国語教師養成講座を通して、受講者は中国語能力の点においては十分なのですが、教授方法の習得という点において改善の必要があることがわかりました。これらのことから、中国語教師の養成、そして中国語教師向けの教材の作成が急務だと言えるでしょう。

国家漢弁からの要請のもと、私たちは 2004 年から日本の高等学校の中国語教師を対象とした中国語教師養成講座を実施してきました。養成講座はすでに 9 年目を迎え、各方面からの協力の下、目を見張るような成果を得ることができました。この期間中、養成講座で使用する教材にも改善を重ねてきました。今こうして出版された教材は養成講座で使用している発音教育用教材を基礎とし、さらに日本の高等学校の中国語教師、日本人の中国語学習者、及び養成講座における私たちの経験を加え、何度も研究を重ねて作成されたものです。

本教材の特徴として、読者層を明確に特定している点、実用性を重視している点、そして楽しく学べる点が挙げられます。

この教材は日本の中国語教師を対象に開発されました。教材編集の過程において特にこの点に注意を払いました。教材の内容は、日本の中国語教師からの実際の要求、さらに私たちの日本人学生に対する中国語教育、養成講座を通して得た経験も考慮して選択しました。内容は日本人学習者の発音上の重点と難点を十分に反映したものとなっているはずです。教材の中で紹介している教育法はすべて日本の中国語学習者を対象としており、日本の中国語教師にとって他の一般向けの発音教材よりも使いやすいはずです。例えば、中国語の声調を教えるとき、古典的な「妈 mā、麻 má、马 mǎ、骂 mà」ではなく、日本人学生の状況を考慮して「衣 yī、疑 yí、以 yǐ、意 yì」を使用しています。このように本教材では教える対象を明確に設定しています。

教材の中心部分である「教室での授業」では実際の記録という形式を採用しました。ここでは模範例の一つとして、教える過程をより完全な形で読者に提供しています。読者の方は内容を参考にしてもいいですし、直接授業で使うことも可能だと思います。ここで紹介している教育方法は日本人学習者用に設計されており、彼らの長所を生かして、いかに発音上の問題を解決するかというところに重点が置かれています。教授方法はどれも容易に習得でき、実用性の高いものになっています。

「教室での授業」では実際に使うことができる自然な表現を極力採用しました。重点部分の説明においては、写真や図を多用し、また会話形式によって実際の教える過程が生き生きと記述されていますので、飽きずに読み進めることができると思います。また、練習問題は学生が積極的に参加しやすい構成にしてありますので、活発な授業が期待できます。このように多くの写真や図、道具、ゲームなどを使用することで、読者が楽しみながら学習できるように努めました。

本教材は日本の中国語教師だけではなく、中国において日本人を教えている中国語教師、そしてこのような仕事を志している方、そして対外漢語専攻の学生の使用にも適しています。

本教材は中国語教師の養成講座を通して、改善に改善を重ねて作られました。私たちが蓄積した教育上の経験をより洗練させたものだと言えます。教材を通して、日本人を対象とした中国語の発音教育の発展に少しでも貢献できればと願っています。また内容において、執筆者の解説の至らないところもあるかもしれません。厳しいご指摘を頂ければ幸いです。

執筆者一同

关于本教材

教材适用对象

日本汉语教师、在华对日汉语教师以及有志于从事对日汉语教学工作的人士等。

主要用途

在日本：

（一）各种汉语教师培训的教材，如日本高中汉语教师培训、在日孔子学院中国语教员养成讲座、民办机构中国语教员养成讲座等；

（二）中国语科的专业课教材；

（三）高级汉语学习者的自学教材。

在中国：

（一）汉语教师培训教材，如国家汉办对外汉语教师培训、民办机构对外汉语教师培训、国际汉语教师志愿者培训等；

（二）对外汉语专业课教材，如对外汉语本科、国际汉语教育专业硕士、语言学及应用语言学硕士等。

教材结构

本教材采用中国老师和日本学生对话的形式编排。教材中出现两个人物：

李老师，男，32 岁，中文系毕业，拥有十年的对外汉语教学经验。每年在日本交换生班负责教授发音纠正*课。日语国际二级。性格开朗。

山田大介，男，21 岁，日本某大学中国语学科三年级学生。今年暑假作为交换生来到中国。目前他能听懂基本会话，但汉语发音不太标准。性格比较外向，喜欢用成语表达。

采用对话形式的目的是：

（一）可以为教学经验少的汉语教师、本科生或者研究生提供鲜活的教学实例。

有些日本老师上课时需要多用汉语讲解，但对他们来说，把语音学的专业描述转化成简单易懂的汉语课堂语言是个难点，本书可以在这方面给教师们提供参考和借鉴。

（二）使枯燥的语音理论变得更容易理解，可读性强。

目前最常见的汉语教学模式是“一对多”，但是本教材提供的是“一对一”模式的教学案例。因为“一对一”模式教学效果更好，也更便于展示语音教学的过程。编者希望读者通过“一对一”的例子细致*了解语音教学的具体内容，进而应用到“一对多”的语音教学中去。

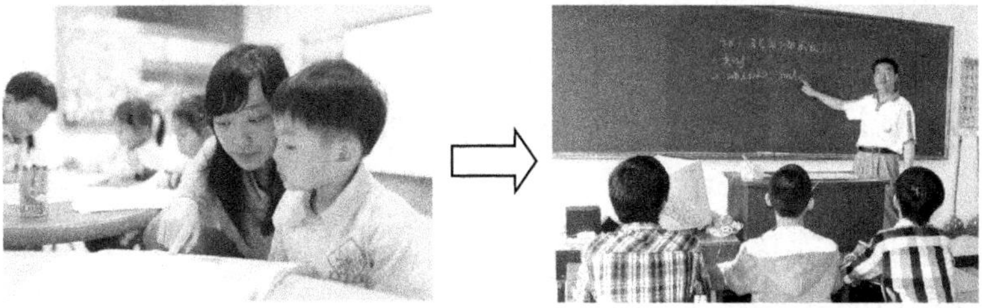

每章由以下三个部分组成：

（一）课前准备

读者阅读“课堂教学”之前，应该简单想想“如果让我教，我该怎么讲”。同时要查阅＊现代汉语教材里的相关内容。要注意的是这些教材里的内容一般不能直接教给学生，读者需要进行适当的加工，变成教学对象（山田）容易理解的形式。为了提高下面的“课堂教学”的阅读效率，每课的这一部分还给读者提供了简单的“课前思考题”。

（二）课堂教学

这一部分是教材的核心＊内容。阅读这部分内容时，读者不仅要充当旁听的教师，还要充当听课的学生。这里提供的是语音教学的实际例子，读者可以借鉴，也可以评价，觉得不妥＊的地方还可以在“课后感受”部分写下来。

（三）课后讨论与思考

读者根据“课后感受”部分的记录讨论李老师授课的优缺点，然后按照本教材设计的题目进行思考。思考和讨论的过程可以使读者掌握本教材介绍的教学法，对课堂内容及相关语音知识有更深刻的理解。教材还提供了思考题的部分提示性答案。

“课前准备”和“课后讨论与思考”为求简明，适当地使用了一些专业术语；“课堂教学”部分力求贴近＊真实的课堂教学，尽量避免使用专业术语，做到通俗＊易懂。至于有些难懂的词，在课文里我们用星号来标记（例：通俗＊），并在书后面的“词语注释表”里列出读音及日语翻译。

教材最后还设计了“课堂游戏”，里面是在“一对多”语音教学中可以使用的课堂游戏，供读者选用。

本教材について

教材の対象

日本の中国語教師、中国において日本人に教えている中国語教師、または将来日本人を対象とした中国語教育の仕事に携わりたい方等。

主な用途

日本において

（一）各種中国語教師養成講座の教材として。例えば、日本の高等学校中国語教師養成講座、日本の孔子学院中国語教員養成講座、民間の中国語教育養成講座等。

（二）中語語科の専門科目の教材として。

（三）上級レベルの中国語学習者の自習用教材として。

中国において

（一）中国語教師養成用教材として。例えば、中国国家漢弁の対外漢語教師養成講座、民間の対外漢語教師養成講座、国際漢語教師ボランティアの養成講座等の教材として。

（二）対外漢語専攻の教材として。例えば、対外漢語専攻の学部生、国際漢語教育専攻や言語学及応用言語学専攻の修士生等の教材として。

教材の構成

この教材では中国人教師と日本人学生との対話形式を採用しました。登場するのは以下の二人です。

李先生：男性、32 歳、中国語学科卒業。対外漢語教育に携わって十年になる。毎年、日本人交換留学生のための発音の授業を担当している。国際交流基金日本語能力試験二級。性格は非常に明るい。

山田大介：男性、21 歳。日本の某大学の中国語学科三年生。今年の夏休みに交換留学生として中国にやってきた。基本的な中国語会話は理解できるが、発音はまだあまりよくない。性格は比較的外交的で、成語を使って表現するのを好む。

対話形式を採用した理由は以下の通りです。

（一）教育経験の浅い教師、または学部や修士の学生に教育現場での実例を提供することができます。

また、日本人の中国語教師は授業において、ある程度以上中国語で講義をすることが求められることがあります。しかし、彼らにとって難しいのは音声学の専門的な内容をいかに簡単でわかりやすい中国語で表現するかという点です。本書はこのような点で読者をサポートします。

（二）退屈だと思われがちな音声の理論をより分かりやすく、より読みやすく伝えることができます。

現在、一番多いのは「一対多（訳注：一人の先生と複数の学生）」形式の授業です。しかし、この教材では「一対一（先生一人と学生一人）」形式の授業を例に取り上げました。なぜなら、「一対一」の授業は効果が高く、また発音教育の過程を紹介するのに便利だからです。読者の方にはこの「一対一」の例を通して発音教育の内容をしっかりと理解してもらい、それを基に「一対多」の形式へと発展させてもらえればと思います。

各章は以下の三つの部分から構成されています。

（一）授業前の準備

皆さんはまず「授業前の準備」を読んで、「もし自分が先生だったらどのように教えようか」と考えてみてください。同時に、現代漢語などの教材で関連内容を確認するようにしてください。注意しなければいけないのは、現代漢語の教材の内容は多くの場合直接日本人学生に教えるには不向きだということです。教師は内容を適切に加工し、教育対象である山田君に適した形式に変える必要があります。また、次の「教室での授業」の内容をより効果的に理解するために、簡単な「授業前の思考問題」を用意してあります。

（二）教室での授業

この部分は教材で最も重要な部分です。内容を読むとき、授業参観の先生として、また授業を受けている学生になったつもりで読んでください。ここで紹介する方法は発音教育の一つの実例です。読者は自分の授業に取り入れてみてもよいし、また授業の良し悪しの判断をしてみるのもよいでしょう。李先生の教え方について不適切だと思う点は「授業後の感想」の部分に書き込んでください。

（三）授業後の討論と考察

「授業後の感想」部分にメモした内容に従って、李先生の講義の良し悪しについてみなさんに討論してもらいます。その後、本教材が提供しているテーマについても討論します。討論をすることによって、教授法、発音に関する理論についてさらに理解が深まるはずです。討論テーマの一部には簡単な答えもしくはヒントを用意しています。

「授業前の準備」と「授業後の討論と考察」の部分において、簡潔さを求めるために専門用語を適切な形で使用しました。「教室での授業」の部分では、実際の授業にできるだけ近づけることを目的とし、専門用語の使用を極力抑えました。本文の中で難易度が高いと思われる単語には星印が表示してあります（例えば「通俗 *」）。教材の後ろの部分の「単語解説表」において、これらの単語のピンインと日本語訳を記述しました。

教材の最後に「授業用ゲーム」を考案しました。「一対多」形式の授業で使えるゲームです。

一、怎样教发音器官

発声器官の教え方

▶▶ 课前准备　授業前の準備

（一）基本知识　基本知識

发音器官包括：一、呼吸器官，二、喉头 * 和声带 *，三、口腔 * 和鼻腔。

発声器官は以下から構成されます：一、呼吸器官、二、喉と声帯、三、口腔と鼻腔。

呼吸器官是一连串 * 的管道，从口腔、鼻腔开始，经过咽腔 *，通过喉腔，再向下由气管、支气管 * 到达肺 * 部。肺是呼吸器官的中心，也是发音的动力站。

呼吸器官は一連の管から構成されます。口腔、鼻腔から始まり、咽頭腔を経て、喉頭腔を通り、そして気管、気管支を通って肺に至ります。肺は呼吸器官の中心で、発音の動力源でもあります。

声带是人类发音器官的主要组成部分，人类是通过它的振动来发出声音的，它藏 * 在喉头内。

声帯は人間の発声における重要な部分で、人は声帯を振動させることによって発声します。声帯は喉の中にあります。

口腔和鼻腔是共鸣 * 腔。鼻腔是不能活动的。各种不同的发音行为主要通过控制唇 *、舌头、软腭 * 和小舌的动作来实现。其他部位见下图。

口腔と鼻腔は共鳴腔です。鼻腔の形状は固定されています。各種の発音は主に唇、舌、軟口蓋と口蓋垂の動作によって実現されます。他の部位については以下の図を見てください。

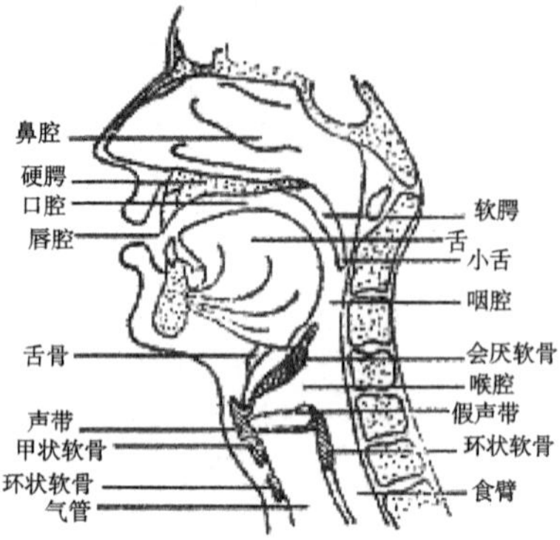

人体发音器官图

人間の発声器官

（二）课前思考 授業前の思考問題

发音器官的某些部位的名称非常专业，对一般的学生来说，教给他们这些名称可能没有太大意义。根据你现在所教学生的学习目的，首先应该把发音器官的这些部位分成“应该教”和“不用教”两类。然后对“应该教”的部位进行详细的描述，按下表的方式制作出一个表格：

発声器官の名称には非常に専門的なものがあります。一般の学生にこのような専門的過ぎる内容を教えてもあまり意味はありません。学生の学習目標に応じて、発声器官を「教えるべき部分」と「教える必要のない部分」とに分類してください。そして、「教えるべき部分」について以下のような表に詳しく記述をしてください。

部位 部分	**能否用手指摸*到** 指で触ることができるか	**能否用舌头碰到** 舌で触ることができるか	**能否用镜子看到** 鏡で見ることができるか
硬腭 * 硬口蓋	**能。触感硬，粗糙**　できる。硬く、ざらざらしている	**能**　できる	**能。粉色**　できる。ピンク色
软腭 軟口蓋	……	……	……
……	……	……	……

课堂教学　教室での授業

发音器官　発声器官

李老师：早上好！

山　田：早上好，老师！

李老师：昨天睡得好吗？刚到中国累不累？

山　田：昨天晚上睡得很香。我早上五点就起来了，在周围散了散步，看到很多老人练太极拳，然后买了几个包子就回来了。

李老师：适应能力还不错嘛。

……

李老师：好的，开始上课吧。要想学好外语，一个非常重要的方法就是模仿*，但如果不了解自己的嘴巴*、声带、肺等发音器官，很多时候就不知道应该使用哪些部分、应该怎么做才能模仿好。所以呢，我们首先要大概了解一下自己的发音器官。我先问一下，你知道说话的时候，气是从哪里来的吗？

山　田：是肺，不是肚子。

李老师：对。现在想想：如果没有肺，没有气从肺里呼出来，那么我们还能说话吗？你试试，不呼气，只动嘴能发出声音来吗？

山　田：（上下唇忽*合忽开）觉得自己变成鱼了。不管上下嘴唇和舌头怎么动，都发不出平时说话时的那种声音。

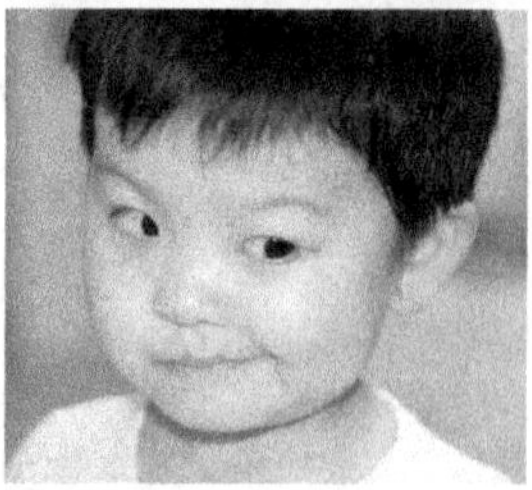

李老师：嗯。还有，咂嘴*也可以。（自己示范一下）没有肺，我们无法发出平时说话时的声音。我们看不到自己的肺，但我们能感觉到它。把自己的手放在胸口，然后深呼吸，这样就能感觉到肺的扩张*和收缩*。

山　田：（按照李老师说的做）不太确定……

李老师：有些同学可能感受不到肺的运动，这时你可以想象一下这种情况：将身体埋在沙子里，只将脑袋露在外面，这时候你会觉得呼吸困难。为什么会这样呢？因为沙子限制了肺的扩展运动。可见肺部确实是在运动的。当然这个不能模仿。下面，介绍另一个很重要的部分，它叫声带，它在喉头里面，我们用镜子看不到它，但可以用手感觉到。你把手放在喉头上，然后说说话。

山　田：啊，啊，啊……啊，喉头振动了。

李老师：嗯，我们呼吸的时候，声带不振动。如果声带不振动，你能发出什么样的声音？现在试试。

山　田：s，s，s，f，f，f……（吹口哨*）

李老师：（微笑）所以声带是非常重要的。我们一定要保护好它。

山　田：哦，我以后会好好保护嗓子*的。看来学外语的人应该忌*烟忌酒啊。

李老师：作为汉语老师，我已经都戒了。有些学生能感觉到喉头振动，但不知道声带振动的样子。现在上网很方便，网上可以找到声带振动的视频。一般是用内窥镜*拍的。看完以后你就知道声带振动的状态了。发音的时候还有一个部位发挥着很重要的作用，这就是嘴巴。如果嘴巴是固定不动的，我们能发出来的音就非常少了。你想象一下这种情况，喝茶的时候，以为茶不热，一下子喝了很多，实际上茶很烫*，你的嘴被

烫坏了，麻木了，这时候你还能发出很多声音吗？当然不能了。你遇到过这种情况吗？没有遇到的话也不要尝试，这是很危险的。你现在试着把嘴巴和舌头固定住，然后说句话看看。

山　田：啊……啊……不行，说不了。看来嘴巴的作用是很大的。

李老师：现在你堵*住鼻子，说句话听听。

山　田：声音好奇怪，跟得了重感冒一样。

李老师：对了，鼻子在发音的时候也是很重要的。发音器官的三大组成部分是：一、肺，二、声带，三、嘴巴和鼻子。

山　田：没有了它们，才知道它们多么重要。

李老师：对。我们了解了自己的发音器官，以后可以把它当做一件乐器。这样，本来很枯燥的学习发音的过程就变得有趣了。

嘴巴　口

李老师：发音的时候，嘴巴的作用特别大。学习外语发音主要就是学习怎么控制自己的嘴巴。为了能够很好地控制自己的嘴巴，我们可以先用手指在嘴里摸一摸，熟悉一下里面的情况。

山　田：用手指？

李老师：对啊。像牙科医生那样，你用自己的手指摸摸。用的是食指，先摸一下上面的牙齿背面，然后沿着上面一直向后摸，边摸边说说嘴里的状况。我闭上眼，不会看你摸嘴的样子，请放心。

山　田：老师，我先去洗洗手。……（回来后）牙齿后面是一个肉质的地方，但是很硬，是斜着的，表面是凹凸*的，而且这个地方很小，只有手指尖*那么大，后面突然向上，不是直直地上去，而是曲线形的，再往后就变得很平了。嘴里很痒！不行了。

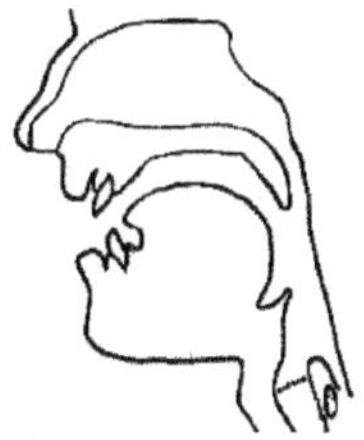

口腔侧面图

口腔断面図

李老师：坚持住。再往下摸。

山　田：好的。后面突然变软了……不能再往里摸了，要吐了。

李老师：好，摸得非常细致，说得也非常准确。刚才你摸到的地方按顺序依次是：上面的牙齿、齿龈*、硬腭、软腭。（边说边在黑板上写）

山　田：哇，这两个字很难啊。（指着“龈”和“腭”两个字）

李老师：你可以这么理解：“龈”字，牙齿的根，那个地方确实像牙齿的根吧？“腭”字，我也觉得很难，你可以暂时不用记这个字的字形，但得记住读音。可以这样记：你用手摸摸硬腭和软腭那里，是不是觉得有点恶心*？“腭”和“恶心”的“恶”发音很像。

山　田：哦，这么一说我感觉轻松多了。

李老师：好。现在你用同样的方法摸一摸下面牙齿的后面，感觉一下是什么样子。

山　田：（摸一摸）啊，跟上面不一样，牙齿后面一直向下，直直的，一点弯*也没有，下面是软软的，没有硬的地方。下面和上面差别这么大啊！

李老师：嘴里的结构基本上是左右对称，上下不对称的。我现在考考你。我说嘴里的某个部位，你用舌头最尖的部分，我们叫“舌尖”(在黑板上写下汉字)，就是舌头的这个地方（自己伸*舌头指给学生看），按照上面牙齿、齿龈、硬腭、软腭的顺序用它碰一下。开始了！

……

山　田：比较难啊。

李老师：（微笑）是。你平时说日语，但是对于嘴里的情况一点都不了解。学外语的时候这样可不行。对了，你带镜子了吗？

山　田：带了。昨天在市场上花五块钱买的。我觉得它比较物美价廉*。

李老师：嗯，这个镜子确实不错。可以拿起来看，也可以放在桌子上看。你很会买东西啊。我们以后上课时一定要带着镜子，可以随时拿出来看看嘴巴的样子。

山　田：有点像女孩子。

李老师：不要这样想。现在如果你不看镜子，能准确地描述出嘴巴的形状吗？开始肯定不能。所以还是带着镜子吧。另外，千万不要小看这次所学的内容，希望你回去以后好好熟悉一下自己的嘴巴，做到能随时想象得出嘴里是什么状态来，这样对后面的发音学习会有很大帮助。

写写听课后的感受　授業の感想を書いてみましょう

课后讨论与思考　授業後の討論と考察

（一）上下唇、齿龈、硬腭、软腭等部位的名称很专业。本课的“课堂教学”部分直接用上这些词了吗？还是采用了其他形式？

上唇・下唇、歯茎、硬口蓋、軟口蓋などの部位の名称は非常に専門的です。「教室での授業」の部分でこれらの用語を使うことはふさわしいでしょうか。それとも他の表現に変えて使うのがよいでしょうか。

（二）介绍发音器官的时候，可以使用的课堂工具有哪些？调查一下。

発声器官を紹介するとき、教室でどのような道具を使うとよいですか。調べてみてください。

（三）教师用乐器模拟发音器官时，应该用日本学生熟悉的乐器。

了解一下日本学生熟悉什么样的乐器。

教師が楽器を用いて発声器官を表現するときに、日本人学生がよく知っている楽器を使うのがよいと思われます。日本人学生がよく知っている楽器にはどのようなものがあるでしょうか。

（四）作为对日汉语教师，除了汉语的第二语言语音习得研究以外，我们还可以关注哪些语言的第二语言语音习得研究？

日本人を対象とした対外漢語の教師として、中国語の第二言語音声習得理論の他にどのような言語の第二言語音声習得理論に注目しておくのがよいでしょうか。

（五）作为对外汉语教师应该知道，学生说的话有时候不一定能恰当地表达他想说的意思，有时候教师说的话也会让学生误会。看看下面的对话，分析一下画线部分的含义：

学生が話す内容は必ずしも学生が心の中で思っている内容と一致しないということは対外漢語の教師として知っておくべきことです。また、教師が話す内容を学生が誤解してしまうこともあります。以下の会話を見て、下線部の意味を分析してください。

中国老师：你知道“××××”吗？（××××：现在的日本首相的名字）

日本学生：<u>不知道</u>。

中国老师：看来，在日本不是人人都知道首相的名字啊。

日本学生：首相？

【资料】資料

你看过跟纠正发音有关的电影吗？虽然很多都是关于英语语音纠正的，但对我们对日汉语教师也会有所启发。例如：

発音矯正に関する内容を扱った映画を見たことがありますか。大抵のものは英語の発音の矯正を扱ったものですが、私たち対日漢語教師にとっても役に立つかもしれません。例：

《窈窕*淑女*》(*My Fair Lady*，1964)
『マイ・フェア・レディ』
《国王的演讲》(*The King's Speech*，2010)
『英国王のスピーチ』

◎ 发音诊断表

発音診断表

纠正发音的第一步是了解学生发音存在的问题。下面是针对日本学生设计的发音诊断*表，表中都是日本学生容易分不清的汉语语音。让学生读诊断表，从而判断学生的发音是不是准确。为了减轻学生的压力，发音诊断特意安排在发音器官讲解完之后。

発音矯正の第一歩は学生の発音の問題を把握することです。以下は日本人学生用に設計された発音診断表です。表には日本人学生が間違いやすい音が記述されています。教師は学生にこの診断表を音読してもらい、その発音が正確かどうか確認してください。学生へのプレッシャーを軽減するために、この内容は発声器官についての講義の後で行うようにしています。

纠正发音的老师像医生，首先得听听学生的发音哪里不好。老师不仅用耳朵听学生的发音，还要用眼睛观察学生的嘴型，看发音动作是否费劲*等。如果可以，在经学生同意后，您可以录一下学生的发音。

発音矯正の過程において、教師は医者のようなものだと言えます。

まず学生の発音を聴いてどこに問題があるかを判断します。教師はただ耳で発音を聴くだけではなく、目も使って学生の口の形を確認し、学生にとって骨の折れる発音かどうか等を判断します。可能であれば、学生の同意を得た上で発音を録音するとよいでしょう。

下面准备的诊断表仅仅是一个参考。针对不同的学生，可以适当增减内容。

以下の診断表は参考として掲載しています。対象となった学生に応じて、適切に表の内容を変更してください。

开始发音诊断之前，老师首先这样告诉学生，让他不要有压力："这不是测试，是一种发音诊断，所以不用紧张。纠正的前提是让老师知道你的发音的问题，所以不要隐瞒 * 自己觉得发得不准确的音，别不好意思。老师就是'医生'，哪个患者去医院会隐瞒自己的病情呢？老师对你们发音的问题掌握得越清楚越详细，就越能准确地给你们开出'药方 *'。"

教師はまず学生に緊張させないようにこう伝えます。「これはテストではなくて、一種の発音診断ですから、緊張する必要はありません。発音矯正をするときに、教師はまず学生の発音上の問題を知る必要があります。自分の発音の問題点を隠す必要はありません。先生を医者だと思ってください。医者に自分の悪い症状を隠そうとする患者は普通いませんね。先生は学生の発音上の問題を詳しく知れば知るほど、よりよい矯正方法を提案することができます」。

通过诊断表，老师可以准确地把握学生发音的问题，在今后的教学中就可以抓住重点，教学内容就更有针对性。

このような診断表を通じて、教師は学生の発音における問題を正しく把握できます。これにより、今後の授業において重点を押さえることができ、授業のねらいを更にはっきりとしたものにすることができます。

日本学生发音诊断表　日本人学生発音診断表

日期　日時：________

学生姓名　学生氏名：________

教师姓名　教師氏名：________

（一）汉语语音对比　中国語の発音の対比

序号 番号	A	B	**教师评价** 教師による評価	
			是否能准确区分 正確に区別できているかどうか	**问题描述** 問題点の描写
1	bo	po		
2	da	ta		
3	gu	ku		
4	zhi	ji		
5	chi	qi		
6	shi	xi		
7	ri	li		
8	an	ang		
9	in	ing		
10	uan	uang		

（二）汉日语音对比　中国語と日本語の発音の対比

序号 番号	A	B	**教师评价** 教師による評価	
			是否能准确区分 正確に区別できているかどうか	**问题描述** 問題点の描写
1	a	あ		
2	i	い		
3	u	う		
4	e	え		

续表

序号 番号	A	B	教师评价　教師による評価	
			是否能准确区分 正確に区別できているかどうか	问题描述 問題点の描写
5	ü	ゆ		
6	o	お		
7	fo	ふぉ		
8	li	り		
9	hu	ふ		
10	ri	り		
11	ai	あい		
12	ia	いあ		

（三）声调对比　声調の対比

序号 番号	A	B	教师评价　教師による評価	
			是否能准确区分 正確に区別できているかどうか	问题描述 問題点の描写
1	mā	má		
2	má	mǎ		

二、怎样教声调

声調の教え方

▶▶ 课前准备　授業前の準備

（一）基本知识　基本知識

声调主要是由音高决定的。音高是语音四要素（音高、音强、音长和音色）之一。声调是由声带松紧 * 的连续变化而形成的。汉语普通话有四个声调，分别叫一声、二声、三声和四声。

声調は主にピッチによって決定されます。ピッチは音声の四要素（ピッチ、音の強さ、音の長さ、音質）の一つです。声調は声帯の緊張度合の連続的な変化によって形成されます。中国語には四つの声調があり、それぞれ一声、二声、三声、四声と呼ばれます。

声调是日本学生学汉语的难点之一，常见的问题是：一声不够高；二声升不上去，听起来像一声；三声低不下来，变成二声等。

声調は日本人学生にとっては難点の一つです。よく見られるのは、一声発音時のピッチが十分な高さになっていない、二声発音時のピッチの上昇具合が足りない、また三声発音時においてピッチの低さが足りずに二声のようになってしまう等の問題です。

（二）课前思考　授業前の思考問題

用五度标记图来教日本学生时，可能会出现什么问题？

五度声調図を使って日本人学生に教えるとき、どのような問題があるでしょうか。

课堂教学　教室での授業

李老师：山川生病了，是吗？

山　田：是的，他昨天晚上吃了地三鲜*，吃完饭后开始拉肚子。吃的时候他还一直说好吃呢。

李老师：地三鲜啊。那个菜特别油腻*，尤其是茄子。吃油多的菜时，你也注意一下。你们那边的菜比较清淡，突然吃油腻的东西可能不太适应。

山　田：谢谢，我会注意的。

李老师：另外水龙头里的水也不能直接喝。要烧开后才可以喝。

……

李老师：好了，现在开始上课。你先读一下“衣 yī、疑 yí、以 yǐ、意 yì”(在黑板上写下四个汉字和声调)。[①]

---

① 《汉语拼音方案》(见附录)和很多教材都通过“妈 mā、麻 má、马 mǎ、骂 mà”来解释声调，虽然这些音都容易发，但在对日汉语教学中有一些缺点：一、“妈”、“马”、“骂”的字形跟日语中使用的汉字字形“媽”、“馬”、“罵”差别很大。相反，“衣”、“疑”、“以”、“意”的字形跟日语中的字形一样，学生不会感到陌生。而且 yi 的发音是日本学生容易模仿的；二、“骂”的意思不太好。“衣”、“疑”、“以”、“意”中没有含贬义的字。我们举例子也应该考虑针对性。对日本学生来说，用“衣”、“疑”、“以”、“意”教声调，可以避免很多不必要的麻烦。

『漢語ピンイン方案』(付録参照) や多くの教材では「妈 mā，麻 má，马 mǎ，骂 mà」を使って声調について説明しています。もちろんこれらの音は発音しやすいのですが、日本人を対象とした中国語教育においてはふさわしくない点もあります。一、「妈」、「马」、「骂」と日本で使用されている「媽」、「馬」、「罵」の字形の違いが大きいことです。「衣」、「疑」、「以」、「意」の字形は日本でも使用されているので、日本人学生にとって親しみやすいはずです。また yi の音も日本人にとって発音しやすい音の一つです。二、「骂」の意味はあまりよいものではありません。「衣」、「疑」、「以」、「意」はどれもけなすような意味を含みません。

山　田：（边读边上下晃动 * 脑袋）

李老师：呵呵（果然是）。你的头能不能不晃动？

山　田：我刚才动了吗？好的，我试试。（边读边左右晃动脑袋）

李老师：哦，那我们用电脑录一下吧，你看看录像就知道自己的头到底动了没有。

山　田：（看录像）哇，真的动了，有点像朗诵 * 诗歌。

李老师：（微笑）对。你一直这样练习，所以都成习惯了。高级班的几个同学朗读的时候跟你一样，他们也完全习惯了。其实，声调主要靠喉头的松紧来控制（用手指着自己的喉部），跟脑袋是不是晃动和嘴形的变化都没有关系。开始的时候，晃动脑袋是为了让自己记住声调的变化模式，但记住后应该赶紧摆脱 * 这种摇晃状态。好的，现在你知道声调是由喉头控制的，先体会一下。你先发很高的"あ—"，然后发很低的"あ—"。

山　田："あ—"（发得很高），"あ—"（发得很低）。

李老师：感觉到喉头有什么不同了吗？

例を挙げるときにも私たちはどういう学生に教えているのかという点に注意しなければなりません。「衣」、「疑」、「以」、「意」を使って日本人学生に声調を教えることで声調と関係のない問題を排除することができます。

山　田：发高音的“あ—”时，需要用力，感到喉头压力很大；发低音的“あ—”时，不用使劲，喉头压力不大。

李老师：是的。刚才发的都是平的声调，下面看看复杂的声调。你按照下面的曲线发一下，像唱歌一样。

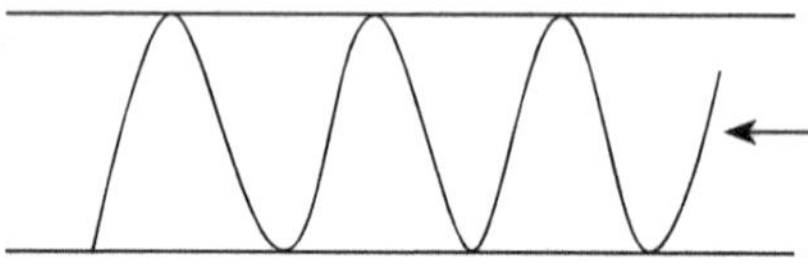

山　田：あ～～♪あ～～～♪あ～～～

老　师：难不难？

山　田：很难！

李老师：嗯。同样的道理，看着“五度标记图”来练习声调也是很难的。喉头松紧没那么容易控制。

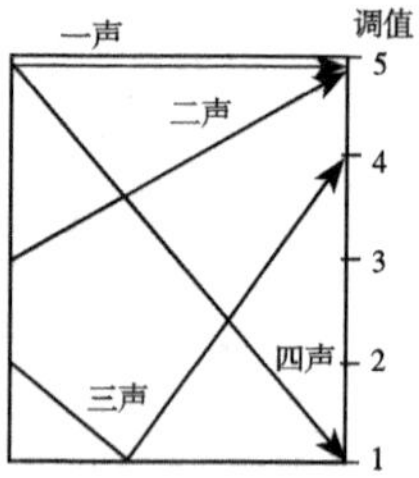

普通话五度标记图

普通語五度声調図

我们得改改策略，先听听日语的这些音：

① “えー、それでは会議を始めます。”（那么，开始开会）

（填充＊话语空间）

② “ええ？本当？”（啊？是真的吗？）

（听到很意外的事情）

③ “ええ、それが……”（啊，就是……）

（遇到不太顺利的情况、尴尬＊的处境）

④ “ええ！絶対にやり遂げましょう！”（好！咱们一定要完成！）

（很兴奋地同意）

山　田：开头的感叹词都有音调，很像汉语的四个声调。

李老师：对。你们很幸运，日语中的一些感叹词的音调跟汉语的声调差不多。我们可以从日语感叹词的音调出发，稍微加工一下，就可以发出汉语的声调了。

一声　一声

1. 先让学生发“え—、それでは会議を始めます”中的“え—”（填充话语空间），发这个音时音调没有高低变化，一直保持在一个高度。如果学生没有这种语感，可以让学生延长发音过程，比如“え——————”。

まず学生に「えー、それでは会議を始めます」の「えー」(会話中の空白を埋めるときに使われる）を発音してもらいます。この音を発音するときは高低の変化はありません。ずっと同じ高さを保持するようにします。学生が感覚をつかめない場合は、学生に長く発音させてみてください。例えば「えーーーーーー」。

2. 汉语的一声比“え—”这个音要高，可以告诉学生发这个音时，喉头用力些。因为这么高的音在日语中很少出现（除了表示吃惊的时候以外），所以学生觉得发一声很吃力，甚至有些学生会感到害羞。

中国語の一声はこの音よりも高くなります。学生が「えー」を発音するときに、喉に力を入れるように伝えます。このように高い音は日本語ではあまり使いませんので（何かに驚いたときを除く)、学生は発音に苦労するかもしれません。また恥ずかしく感じる学生もいるかもしれません。

3. 听老师的发音，自己再练习练习，判断一下高度够不够，然后调整自己的发音。

先生の発音を聴いて、学生は自分で練習します。発音の高さが十分かどうか判断して、自分で調整してみます。

二声　二声

1. 让学生发“ええ？本当？”中的“ええ？”(听到很意外的事情)。

学生に「ええ？本当？」の「ええ？」(予想外のことを耳にしたときに使われる）を発音してもらいます。

2. 发“ええ？”的音时，发得再长点，结尾再高点，这样就像汉语的二声了。

「ええ？」と発音するとき、長めに発音するようにします。また最後が少し高くなるように発音します。こうすると中国語の二声の発音のようになります。

3. 听老师的发音，自己再发一下，判断结尾的高度够不够，然后调整自己的发音。注意，如果发音结尾高度不够，可能会变成高度不够的一声。

先生の発音を聴いて、学生は自分で発音してみます。末尾の高さが十分かどうか、自分で調整します。注意しないといけない点は、末尾の高さが足りないと、高さが足りない一声のようになってしまうことです。

三声　三声

1. 让学生发“ええ、それが……”中的“ええ”(遇到不太顺利的情况、尴尬的处境)。

学生に「ええ、それが……」の「ええ」(あまり順調ではないとき、また気まずい状況のときに使われる）を発音してもらいます。

2. 结尾稍微提高点，喉头稍微放松就可以了。

末尾を少し高めに発音します。最後に喉を少しリラックスさせるだけでよいです。

3. 听老师的发音，自己再练习练习，判断一下步骤1的发音高度够不够低。如果低不下去，就容易变成类似二声的声调。

先生の発音を聴いて、自分で練習します。ステップ1の発音が十分低いかどうか判断します。もし十分低くなければ、二声のような発音になってしまいます。

四声　四声

1. 让学生发“ええ！絶対にやり遂げましょう！”中的“ええ！”(很兴奋地同意)。

学生に「ええ！絶対にやり遂げましょう！」の「ええ！」(興奮して賛同するときに使われる）を発音してもらいます。

2. 发音时间再长点，结尾再低点，这就像汉语的四声了。

長めに発音してもらいます。末尾が低くなるようにすると、中国語の四声のようになります。

3. 听老师的发音，学生试着练习，然后调整自己的发音。

先生の発音を聴いて、練習してもらいます。学生は自分で発音を調整します。

李老师：这样，以后练习声调的时候，头就不会晃动了。

山　田：谢谢老师！不过我一直觉得一声、二声、三声、四声，这四个声调的名称和声调高低变化的对应关系不好记。

李老师：的确是。这些名称如果只看字面意思的话，猜不出到底是什么样的声调。好的，现在我给你介绍一个方法，利用“一”、“二”、“三”、“四”的字形轮廓*来联想声调：

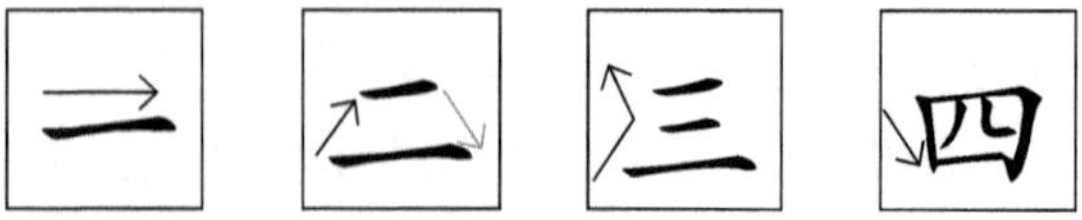

“一”字:「一」の字

它的字形看起来很平，这就像一声那种平稳的样子。

この字形は形が平坦で、一声の声調の形に似ています。

“二”字:「二」の字

从第二笔的起笔到第一笔的起笔画线，就像二声的高低变化。

二画目の初めから一画目の初めまで線を引くと、その線は二声の高低変化を表している様に見えます。

“三”字:「三」の字

从第三笔的起笔到第二笔的起笔，继续从第二笔的起笔到第一笔的起笔，这个先降后升的变化就是三声的样子。

三画目の初めから二画目の初めまで、そして二画目の初めから一画目の初めまで線を引くと、その下がって上がる形が三声のように見えます。

“四”字:「四」の字

第一笔是从左上角开始斜向下，这个像四声的高低变化。

一画目は左上から斜めに下に向かっています。これが四声の高低変化に似ています。

山　田：很有意思！不过，如果从“二”字的第一笔的结束点到第二笔的结束点画线的话，就变成四声了啊（上图的灰色箭头*）。

李老师：注意，“二”、“三”、“四”的轮廓指的是左面的轮廓，不要记错了。当然这个方法没有什么理论根据，只是为了便于学生学习，我自己设计的。呵呵！不过我觉得比死记硬背*好些。好，现在我们开始做下面的练习。

练习题　練習問題

跨栏*比赛　ハードル競争

学生从左上角开始跨栏：读得好意味着跨栏成功，如果读得不好，在跨栏上标记。跨栏高时，得大点声读，跨栏宽时要读得长点。箭头的数量表示间隔*时间的长短：一个箭头表示短，两个箭头表示长。反复练习，有节奏*地读出声调。老师可以调整跨栏的种类、数量和跨栏之间的距离来调整难度。为了提高学生的积极性，老师可以在练习之前播放与运动会相关的音乐。

学生は一番左上の位置からスタートします。このゲームにおいて、ハードルの上に書かれている音を正しく発音することは、そのハードルを飛び越えることを意味します。正しく発音できない場合は、ハードルの上にチェックをつけてください。高いハードルの場合は大きな声で、幅の広いハードルの場合は長く発音します。ハードルの間の矢印はジャンプの間の間隔を表しています。矢印一つは短い間隔を、矢印二つで長い間隔を表します。リズムよく繰り返し音読してください。教師はハードルの種類、ハードルの数、ハードルの間の間隔を変えて難易度を調整します。学生の積極性を高めるために、初めに運動会に関係する音楽を流すのもいいかもしれません。

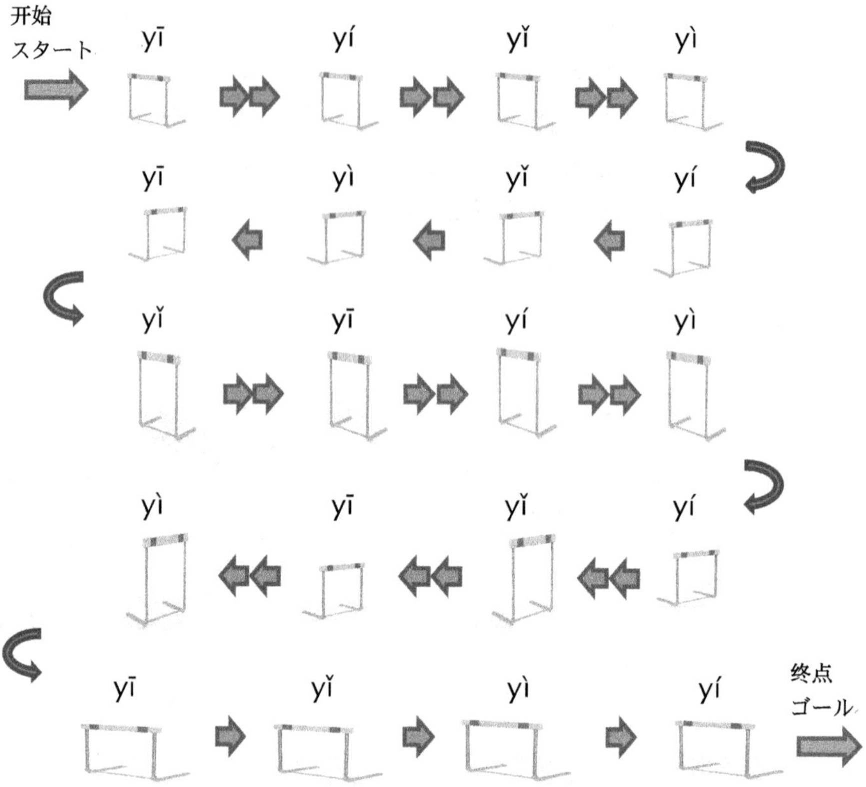

写写听课后的感受　授業の感想を書いてみましょう

课后讨论与思考　授業後の討論と考察

（一）为什么很多教材教声调都用“妈 mā、麻 má、马 mǎ、骂 mà”，而不选择 ma 音节的其他同音字？用《现代汉语词典》查查 ma 四个声调的同音字，能不能找到代表四声的其他合适的字？

多くの教材では声調を紹介するときになぜ「妈 mā、麻 má、马 mǎ、骂 mà」を使い、ma の他の同音漢字を使わないのでしょうか。『現代漢語詞典』で ma の四つの声調に対応する同音漢字を調べてみてください。他にふさわしい漢字はありますか。

（二）评价一下利用日语的感叹词发出汉语声调的方法的优缺点。

日本語の感動詞を使って、中国語の声調を発音する方法の長所と短所について述べてください。

（三）这里使用日语的感叹词“ええ”来教声调，想一想，除了“ええ”以外，还可以用什么样的感叹词？

ここでは日本語の感嘆詞「ええ」を使って声調を教えましたが、他にどのような感動詞を使って声調を教えることができるでしょうか。

（四）上述对话里李老师采用了通过汉字字形轮廓帮助记忆四声的方法。你也想想类似的记忆声调的方法。

李先生は漢字の輪郭を使って四声を覚える方法を紹介しました。四声を覚えるのに他にどのような方法があるか考えてみてください。

（五）“阴平、阳平、上声、去声”和“一声、二声、三声、四声”有什么关系？想想为什么很多版本的现代汉语教材一般都用前者，而对外汉语教材使用后者。

「阴平、阳平、上声、去声」と「一声、二声、三声、四声」はどのような関係にありますか。どうして現代漢語の多くの教材では前者を、対外漢語の教材では後者を採用しているのでしょうか。

（六）有些汉语教材里采用的“五度标记图”比较特别。请查阅资料，看看还有什么样的五度标记图。

一部の中国語教材は少し特別な「五度声調図」を使っています。資料を探して、どのような「五度声調図」があるか見てみてください。

（七）从一个声调引导出其他声调，属于带音法。那么难度最高的三声可以从哪个声调引导出来？

一つの声調の発音から他の声調の発音を導きだす方法は「帯音法」に属します。一番難易度が高いと言われる三声はどの声調から導き出すとよいでしょうか。

（八）有的教材为了测试学生对声调的听辨能力，设计了这样的习题：

ある教材において、学生の声調の聞き取り能力を判断するために以下のような問題が作られました。

请听录音，然后在拼音上方标出声调：
録音を聴いて、ピンインの上に声調をつけなさい。

（1）wan shang 晚上　（2）dian nao 电脑　（3）zai jian 再见　（4）…

测试对象是学汉语不久、听力不太好的日本学生，但结果是学生几乎都答对了。这是什么原因造成的呢？

テストの対象となるのは中国語を学習して間もない、ヒアリング能力のまだ低い日本人学生です。しかし、これらの学生達の回答はほとんど正解でした。どうしてこうなったのでしょうか。

【资料】資料

（一）*Chinese Through Tone & Color*（Nathan Dummitt 著，Hippocrene Books 出版社，2008 年）这本书提出通过颜色来学习汉语声调。比如，红色代表一声，橙色代表二声，绿色代表三声，蓝色代表四声。按照这个规则给汉字加颜色，学习者可以通过颜色将汉字和声调联系起来，帮助记忆。这是一种很有趣的声调教学法。

Chinese Through Tone & Color（Nathan Dummitt 著，Hippocrene Books 出版社，2008 年）。この本は色と声調を関連させて学習することを提唱しています。例えば、赤は一声、オレンジは二声、緑は三声、青は四声と関連付けます。この方法では各漢字に色を割り当て、学習者は色を通して漢字と声調を関連づけて覚えることができます。とても興味深い声調の学習方法です。

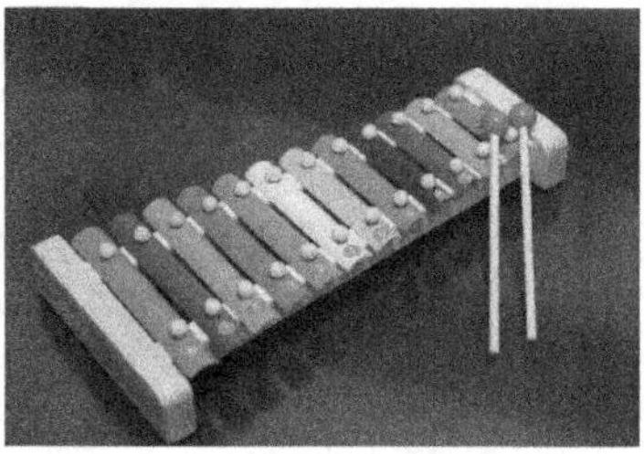

（二）Speak Good Chinese（简称 SGC）是荷兰阿姆斯特丹 * 大学（University of Amsterdam）开发的辅助学习汉语声调的软件。它是在语音分析软件 Praat 的基础上开发的。跟 Praat 一样是可以免费使用的。下面是 SGC（版本 2.0）的界面。中间显示出让用户读的词（例如“哥哥”），词上面显示它的标准音高曲线。首先通过“Settings”里的选项设置自己的性别和声音的高度，这样可以提高软件处理的准确度。用户连接麦克风后，点击“Record”按钮 *，然后读出软件上提示的词。软件显示用户读出来的音的音高曲线，进行对比后判断声调读得准不准确。按“Paly”可以听自己的读音。SGC 官网网址 http//www.speakgoodchinese.org/

Speak Good Chinese（SGC）はアムステルダム大学（University of Amsterdam）が開発した中国語の声調学習をサポートするためのソフトウェアです。SGC は音声分析ソフトの Praat を基に開発されており、Praat と同じく無料で使用することができます。以下は SGC（バージョン2.0）の使用中の画面です。画面の中央に使用者に読んでもらう単語が表示されています（例えば、「哥哥」）。そしてその単語の上には標準のピッチ曲線が描かれています。使用の前に、まず「Settings」において自分の性別とピッチの高さを設定します。これによってソフトはより正確に発音の正しさを判断できるようになります。使用者はマイクを接続し、「Record」ボタンをクリックします。そして、画面中央の単語を声に出して読みます。先ほどの発音のピッチ曲線が画面に表示され、ソフトがこの声調の発音が正しいかどうか判断を行います。「Play」を押すと自分の発音を再生することができます。SGCの公式サイトはhttp://www.speakgoodchinese.org/です。

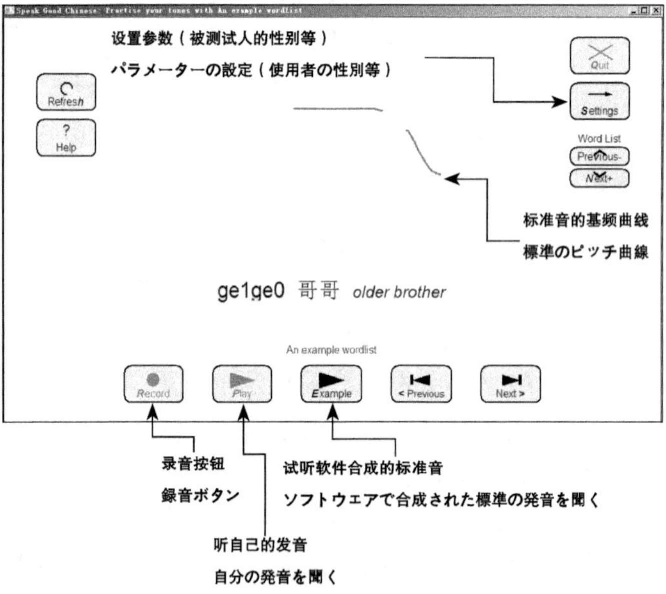

◎ 录自己的声音

自分の声を録音する

练习发音时，将自己的声音录下来听一听是一个很好的方法。

听录音后可以发现，自己的发音没有想象中那么好。等到自己的汉语发音水平提高后，再听听发音不太好时的录音，可以感觉到自己的进步。

発音練習のとき、自分の発音を録音して聞いてみることをすすめます。自分の発音を聞くと、思っていたよりも発音がよくないことに気付くと思います。また、自分の発音が上達した後に以前の録音を聞くと、自分の進歩を感じることができるはずです。

下面简单介绍一下使用电脑录音的方法。免费软件 Audacity 和 Praat 都可以录音。这里介绍用 Audacity 录音的方法。在官方网站（http://audacity.sourceforge.net/）可以下载 Audacity 软件。这里介绍 2.0.5 版本的操作方法。

以下ではパソコンで自分の発音を録音する方法を簡単に紹介します。録音はフリーソフトの Audacity や Praat で行うことができます。ここでは Audacity を使った録音方法を紹介します。まず公式サイト（http://audacity.sourceforge.net/）から Audacity をダウンロードしてください。以下ではバージョン 2.0.5 を使って操作の説明をします。

（一）启动软件。

Audacity を起動します。

（二）将麦克风连接到电脑。先把“双输入声道”（stereo）变成“单输入声道”（mono）。然后点击页面上部的红色按钮，就可以开始录音了。

マイクをパソコンに接続します。Audacity の画面で「ステレオ（stereo）」を「モノラル（mono）」に変更します。画面上部の赤いボタンを押すと、録音が始まります。

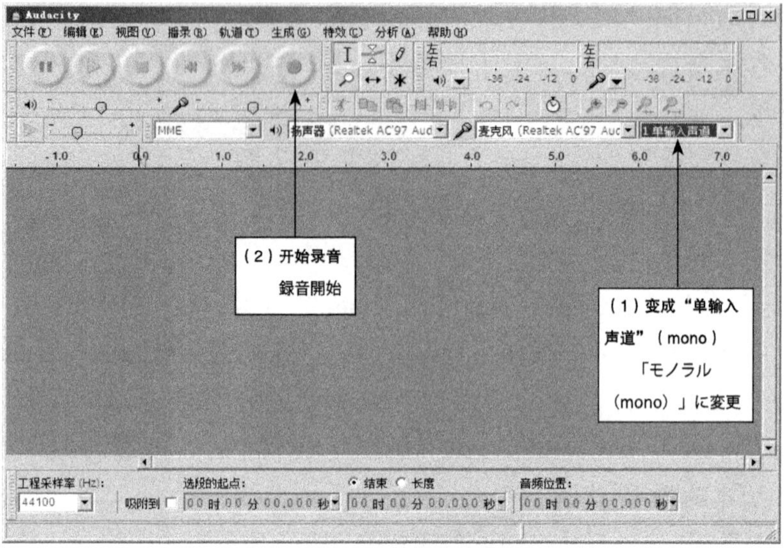

(三)录音完毕，可以点击页面上部的黄色按钮停止。如果想听录音，可以按绿色按钮。

録音が終わったら、Audacity 画面上部の黄色いボタンを押して録音を停止します。録音した内容を聞きたい場合は、緑色のボタンを押します。

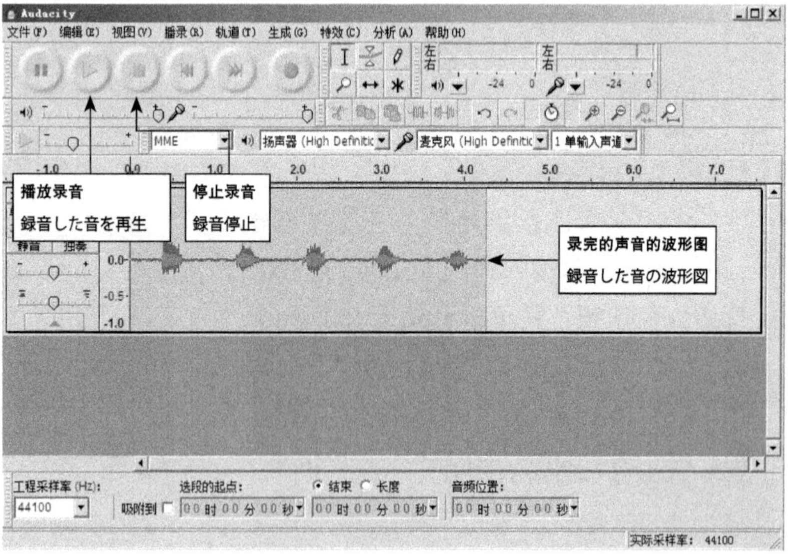

（四）保存录完的声音。在菜单里选择“文件”>>“导出”。在文件保存小窗口里，输入文件名，还可以选择文件类型。如果电脑硬盘的容量足够大，可以选择WAV形式（非压缩形式）。如果要节省空间，可以选择 MP3 等形式。

録音した内容をパソコンに保存します。メニューから「ファイル」>>「保存」を選びます。保存するファイル名を入力し、ファイル形式を選択します。コンピュータの保存容量が十分大きい場合はWAV形式（非圧縮）を、保存容量を節約したい場合はMP3等の形式を選択します。

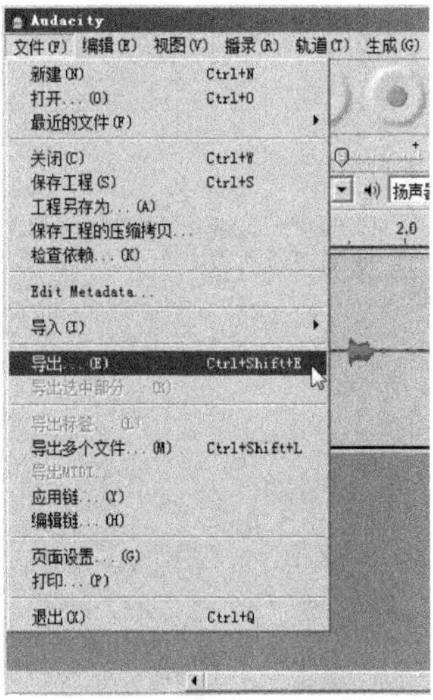

◎ 快速 / 慢速播放

再生速度を速く／遅くする

有时，为了锻炼听力，想快速播放。有时，因为有的词说得太快，听不清，想缓慢 * 播放。上面介绍的 Audacity 软件可以实现这些功能。

ヒアリング能力を鍛えるために再生速度を速くしたい場合があります。また、ある特定の単語のスピードが速すぎてはっきり聞き取れない場合、ゆっくり再生したいという場合もあります。先ほど紹介したAudacityではこのような操作を行うことができます。

（一）打开软件。

Audacityを起動します。

（二）打开要变速的语音文件。在菜单里选择“文件”>>“打开”。在打开的小窗口里选择要播放的语音文件。

再生速度を変更したい音声ファイルを開きます。メニューから「ファイル」>>「開く」を選択します。ウィンドウが出てくるので、開きたい音声ファイルを選択します。

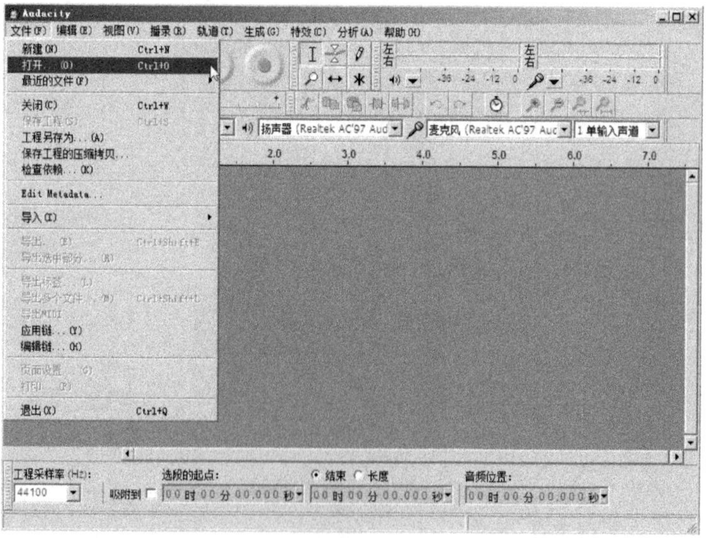

（三）选择速度调整的范围。这里选择所有的范围，在菜单里选择“编辑*”>>“选择”>>“全部”。

音声ファイルの中で再生速度を変更したい範囲を選択します。ここでは全ての範囲を選択することにします。メニューから「編集」>>「選択」>>「全部」を選びます。

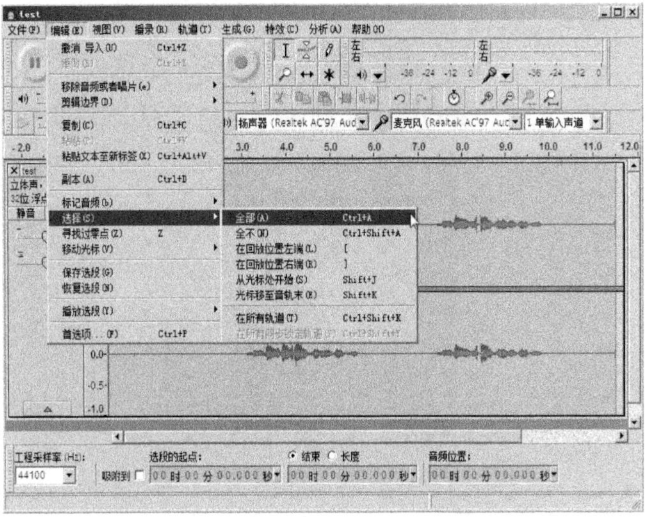

（四）进行速度变化。在菜单里点击“特效”>>“改变节奏”。小窗口出来。

再生速度を変更します。メニューから「エフェクト」>>「リズムの変更」を選択します。設定ウィンドウが表示されます。

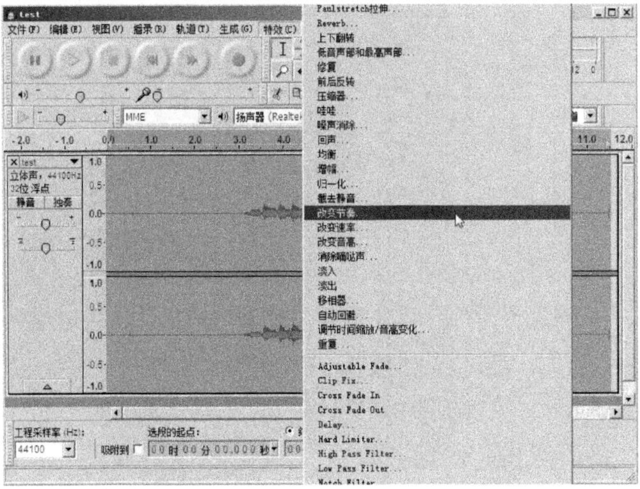

（五）调整“改变百分比”的数据。输入“100”是速度提高到原来的两倍，输入“-50”是速度降低为原来的一半，“0”是速度不变。最后点击“确定”。

「改变百分比」の値を調整します。「100」を選ぶと再生速度が通常の二倍に、「-50」は再生速度が通常の半分になります。「0」は再生速度変化なしを意味します。値を設定後、「確定」をクリックします。

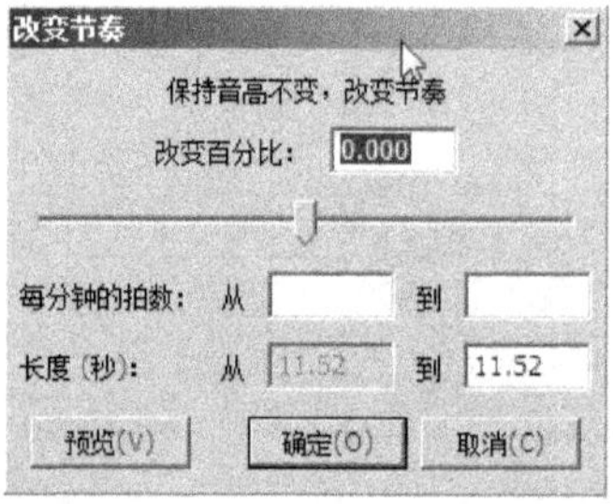

（六）按 Audacity 页面顶部的绿色按钮开始播放。可以听到播放速度变化后的声音。

Audacity の画面上部の緑のボタンを押すと、速度変更後の音声を聞くことができます。

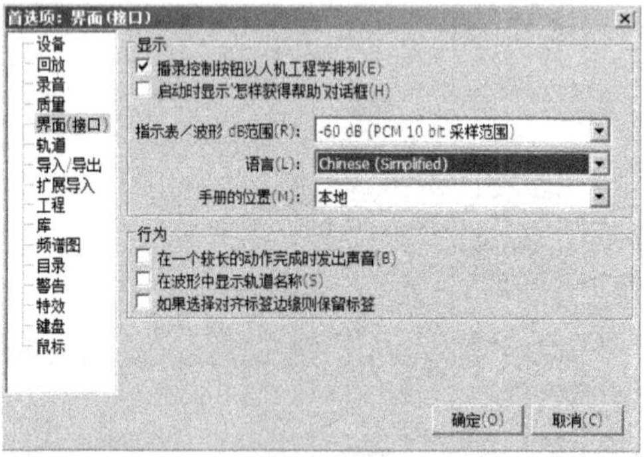

Audacity 的菜单语言可以选择很多种语言（包括日文、英文等）。如果想更换菜单语言，可以点击“编辑”>>“首选项”。在小窗口中选择“界面（接口）”选项，在“语言（L）”选项的下拉菜单内选择其他语言，最后点击“确定”就可以。

Audacityのメニューの表示言語は変更することができます（日本語、英語等)。メニューの言語を変更したい場合は、「編集」>>「設定」をクリックします。出てきたウィンドウにおいて、「インターフェース」をクリックし、「言語」の中から選びたい言語を選択します。最後に「確定」をクリックすると完了です。

三、怎样教单韵母

单韻母の教え方

课前准备　授業前の準備

（一）基本知识　基本知識

汉语的单元音韵母包括ɑ[a]、o[o]、e[ɤ]、ê[ε]、i[i]、u[u]、ü[y]、-i[ɿ]、-i[ʅ]、er[ər]，它们都是由一个元音构成的，简称单韵母。其中ɑ、o、e、ê、i、u、ü属于舌面元音，-i[ɿ]和-i[ʅ]属于舌尖元音，er是卷舌元音。

中国語の単母音韻母としてa[a]、o[o]、e[ɤ]、ê[ε]、i[i]、u[u]、ü[y]、-i[ɿ]、-i[ʅ]、er[ər]があります。これらは一つの母音から構成され、単韻母という略称で呼ばれます。このうち、a、o、e、ê、i、u、üは舌面母音，-i[ɿ]と-i[ʅ]は舌尖母音，erはそり舌母音です。

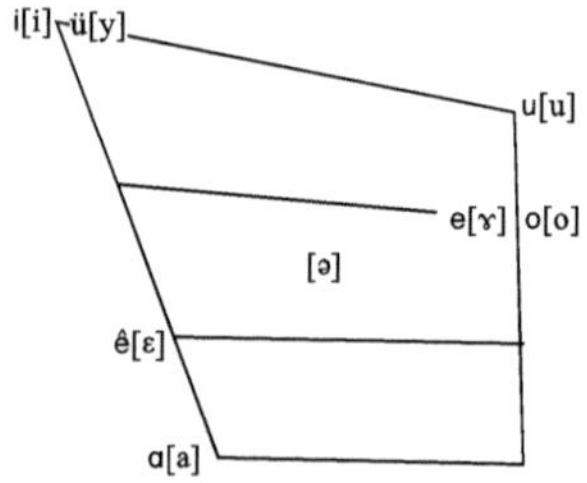

元音舌位图

母音図

由于日语的"あ"、"い"、"う"、"お"用罗马字母＊可以写成a、i、u、o，所以日本学生容易把汉语的ɑ、i、u、o发成日语的「あ」、

「い」、「う」、「お」。

「あ」、「い」、「う」、「お」はローマ字でa、i、u、oと表示されます。ですので、日本人学生はピンインのa、i、u、oを見て、「あ」、「い」、「う」、「お」と発音してしまいがちです。

（二）课前思考　授業前の思考問題

查一查“带音法”是什么样的语音教学法。哪些元音适合用带音法来教学？

「带音法」とはどのような発音教授法でしょうか。どのような母音を教えるときにこの方法が適しているでしょうか。

▶▶ 课堂教学　教室での授業

李老师：你知道《读者》吗？

山　田：不知道。是报纸吗？

李老师：不是，是杂志。文摘*式的杂志。

山　田：文摘？

李老师：怎么说呢。世界上有很多书，很多报纸，我们不能全部都看，是吧？每种报纸、杂志都有一些读者，他们会把好的文章推荐给《读者》杂志。《读者》的大部分文章都是在别的书或者报纸上刊登过的。每月出两期，但你们不用都买。一个月买一本就够了。

山　田：哦，这样啊。一般是什么样的人看呢？

李老师：中学生和大学生比较多吧。我上学的时候也喜欢看。刚开始你可以选择一些比较短的文章，比如笑话。以前我教过一位学生，他很认真，从第一页开始一页一页看，看了一期就坚持不下去了。看《读者》的时候可以有选择地阅读，不必每篇文章都读完。

……

李老师：你先发一下这些音：从第一个读到第五个，汉语读一声，日语读平调，然后说说汉语的音和对应的日语音的区别。

序号　番号	1	2	3	4	5
汉语　中国語	a	i	u	e	o
日语　日本語	あ	い	う	え	お

山　田：（读一读）除了第四组以外，感觉没有区别。

李老师：嗯。日语的“あ”、“い”、“う”、“お”用罗马字母可以写成a、i、u、o，所以当你看到汉语拼音时，自然而然地把它们当作日语的罗马字母来读。这样发出来的音中国人能听懂（虽然听起来有点奇怪），所以很多日本学生就不加区分了。至于第四个e，虽然日语的“え”的罗马字母是e，但汉语e的发音和日语的“え”差别很大，所以日本学生一般不会把汉语的e当作日语的罗马字母来读。

山　田：您说得对。

李老师：好，现在我们把汉语的单元音②分成三类：

② 单元音“ê[ε]”在汉语普通话中单独使用的情况，只有一个“欸”字，其他都是作为复韵母“ie”、“üe”的组成部分，所以将它放在复韵母中讲解；单元音“-i[ɿ]、-

第一类　日语元音→汉语元音 タイプ1　日本語母音→中国語母音	第二类　汉语元音→汉语元音 タイプ2　中国語母音→中国語母音	第三类　特殊类 タイプ3　特殊なタイプ
（あ→）a		er
（い→）i	（i→）ü	
（う→）u		
（お→）o	（o→）e	

第一类：

对日语的元音进行一下加工就可以发出来的汉语元音。加工方法都是“夸张 *”。

第二类：

对汉语的元音进行一下加工就可以发出来的元音。加工的方法是“圆唇 *”或者“非圆唇”。

第三类：

发音过程中舌尖移动的元音（发一、二类的时候，舌头都在下腭上）。

山　田：这么分类以后，感觉汉语的元音简单了一些。

李老师：嗯。比按现代汉语教材里的“a、o、e、i、u、ü、er”的顺序容易学一些。

---

i[ʅ]”在汉语普通话中不会自成音节，“–i[ɿ]”只和“z、c、s”相拼，“–i[ʅ]”只和“zh、ch、sh、r”相拼，这两个元音在讲解声母“z、c、s”和“zh、ch、sh、r”时解释。本课只讲解其他七个元音。

中国語の標準語において単韻母「ê[ɛ]」が単独で使用されるのは、「欸」だけです。複韻母「ie」と「üe」の一部として使用されるので、「ê[ɛ]」は複韻母についての章で説明します。単韻母「–i[ɿ]、–i[ʅ]」は標準語において単独では音節にはなりません。「–i[ɿ]」はz、c、sとだけ、「–i[ʅ]」はzh、ch、sh、rとだけ結合します。これら二つの単韻母はそれぞれ声母「z、c、s」と「zh、ch、sh、r」についての章で説明します。本章ではこれらを除く七つの単韻母について説明します。

a、i、u、o

李老师：先想象一下这样的情况，你和你的朋友在一个实验室里，中间有玻璃*隔着，这个玻璃的隔音效果非常好，不管你声音多大对方都完全听不到。现在你想告诉他一件事情，但不能用手势语等身体语言，只能用嘴说，想想应该怎么做？

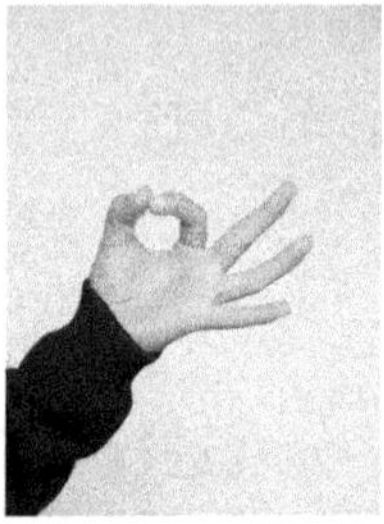

山　田：（想了想）……如果嘴的动作夸张点，也许对方通过我的嘴形能看出我的意思来。

李老师：嗯，对。这时候你用的是嘴形夸张的方法。下面我们发汉语的a、i、u、o的时候也用这个方法。当你夸张地发“あ”、“い”、“う”、“お”的时候，具体是哪些地方夸张了呢？

山　田：（边看镜子边发音）发“あ”的时候，嘴张得大一些；发“い”的时候，嘴向左右两边展得更厉害，嘴形更扁*一些；发“う”和“お”的时候，嘴唇更突出一些。

李老师：对了！我们在发汉语的a、i、u、o的时候就是这样。

山　田：但中国人说话的时候，嘴形夸张得没那么厉害啊。

李老师：对，所以你要把夸张的程度适当地加以调整。听一听，比较一下中央电视台主持人说的 a 和日本 NHK 主持人说的“あ”：

CCTV “这段时间的旱情对我国农民收入带来的影响非常大。”

NHK “明日（あす）は多くの地域で雨となる見込みです。”

山　田：哇，真的不一样。

李老师：这是比较夸张的例子。如果你反复练习发音，练完后再听一下日语的“あ”、“い”、“う”、“お”，你可能会觉得日语的音比汉语的 a、i、u、o 模糊*。如果用字母来表示日语的 a、i、u、o 和汉语元音的差别的话，大体上是这个样子：

日语 日本語	变换 → 変換	汉语 中国語	解释 解説
	字母变大 文字全体が大きく変化する		字母的大小表示开口度的大小 文字の大きさが口の開きの大きさを表す
	字母扁了 文字が上から押しつぶされたようになる		字母的宽度表示嘴的宽度 文字の幅が口の横方向の長さを表す
	“u” 的开口部突出 「u」の上の部分を狭ある		“u” 的开口部表示嘴的开口部 「u」の上の部分が唇の形を表す

续表

日语 日本語	变换 → 変換	汉语 中国語	解释 解説
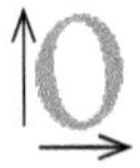	整体变小 全体が小さくなる		“o” 表示嘴形 「o」の形が唇の形を表す

之所以日语的 a、i、u、o 用灰色标识，是因为这些发音不如汉语的 ɑ、i、u、o 清晰。

ü、e

李老师：发这两个音需要注意的是圆唇和非圆唇。先讲 ü 吧。你先发 i，发得长一点。

山　田：i——。

李老师：边发 i 边把嘴唇慢慢变圆。只是嘴唇变，嘴里的状态不要变。注意这时候嘴唇要尽量向前突出，好像要吹蜡烛 * 的样子，但是不要吹出气来。

i[i]

ü[y]

山　田：i—i——ü—ü。

李老师：对，发出来了。这叫“圆唇化”。下面发 e。你先发 o，发得长一点。

山　田：o——。

李老师：边发 o 边把嘴唇慢慢变扁。注意只是嘴唇变，嘴里的状态不要变。

山　田：o—o——e—e。

李老师：对，这就是“非圆唇化”。

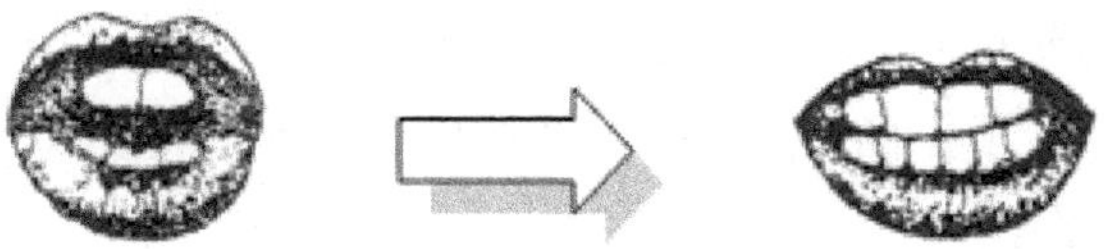

o[o]　　　　e [ɤ]

山　田：不过我总觉得这个 e 不太好听，有点像快呕吐的时候发出来的音。肚子叫了的时候，我们说“饿”了，但自己发出来的声音有点恶心，影响自己的食欲。

老　师：呵呵。对，有些日本学生发的 e 确实有点过分。只要别太夸张，反复听听中国人的发音，调整一下自己的发音就应该不会有问题了。最后讲讲从拼音字母猜出圆不圆唇的方法吧。事先说明，这是没有理论根据的，只是为了便于我们记忆。

i → ü

i 上面有一个点，ü 上面有两个点，是不是 ü 的形状有点像两个 i 的组合？如果一个 i 表示单身汉，那么可以这样看，ü 的一个 i 是男人，另一个 i 是女人，ü 表示一对夫妻，夫妻就是“圆”满，至于一个 i，当然“不圆”满了。所以，i 是不圆唇的，ü 是圆唇的。

o → e

说 o 的时候，嘴唇圆，说 e 的时候嘴唇不圆。看看 o 的样子，它的形状是圆的，所以是“圆”唇，字母 e 缺了圆的一部分，不圆，所以是“非圆”唇。

er

李老师：这个 er 比较特殊。你发“あ”、“い”、“う”、“え”、“お”，说说舌尖在哪。舌尖，知道吧？舌头的这个地方（用手指着自己的舌尖位置）。

山　田：知道！（发“あ”、“い”、“う”、“え”、“お”）舌尖好像一直在下面这排牙齿的后面。

李老师：对。舌尖在下面的牙齿的后面。汉语的元音也是一样，除了 er 以外，发音的时候舌尖都在这里。但是发 er 的时候舌尖不是一直在这里了，发音过程中舌尖动了。现在开始练 er 的发音。你先放松一下，舌尖在哪？

山　田：（深呼吸）舌尖在下面的牙齿后面。

李老师：现在一边稍稍抬 * 起舌头，一边发音。

山　田：（发出声音）……

李老师：舌头的高度不够，舌头再抬高一点。还要注意，舌头往上抬的时候不要接触到嘴里的任何地方。

山　田：——er。

李老师：对了，记住刚才舌头的高度就可以了。如果你经常观察中国人的嘴形的话，会发现他们发 er 的时候，嘴基本都合上，看不到舌头。你对着镜子自己调整一下。

山　田：对了，老师，过去日本有个特别厉害的职业摔跤*选手，他进攻之前经常发出和汉语的 er 相似的音，听起来很有意思，很多小孩子都模仿这个音，尤其是男生，我也是其中一个，所以我觉得这个音并不陌生。

李老师：哦，有这样的事啊。确实有些日本学生听到老师这个发音后马上就能模仿出来。好了，做做下面的练习。

练习题　練習問題

努力爬到山顶　頑張って頂上まで登ろう

读好各个点上的单词才能继续爬山。高度越高，路越陡*，单词的难度也越高。大的点表示需要大声读（因为日本学生日常说话声音较小，即使是语音掌握得较好的学生，如果突然大声说话也会出现发音不准的情况，所以在学习阶段有必要大声练习）。最后别忘了要下山。为了提高学生的积极性，老师可以在练习之前播放《飞得更高》（中国流行歌曲）这首歌。

道にある各ポイントの単語を正しく発音できたら、次のポイントに進むことができます。高度が高くなるにつれて勾配がきつくなり、単語のレベルも上がっていきます。大きな点の場所は大きな声で発音します（日本人学生は普段の声が比較的小さいため、正しい発音を習得できていたとしても、大きな声で発音すると正しく発音できない場合があります。ですから大きな声で発音する練習をしておく必要があります）。頂上まで登ったら降りるのを忘れないようにしてください。学生のモチベーションを高めるために、最初に『飞得更高』(中国の流行曲）を流すとよいかもしれません。

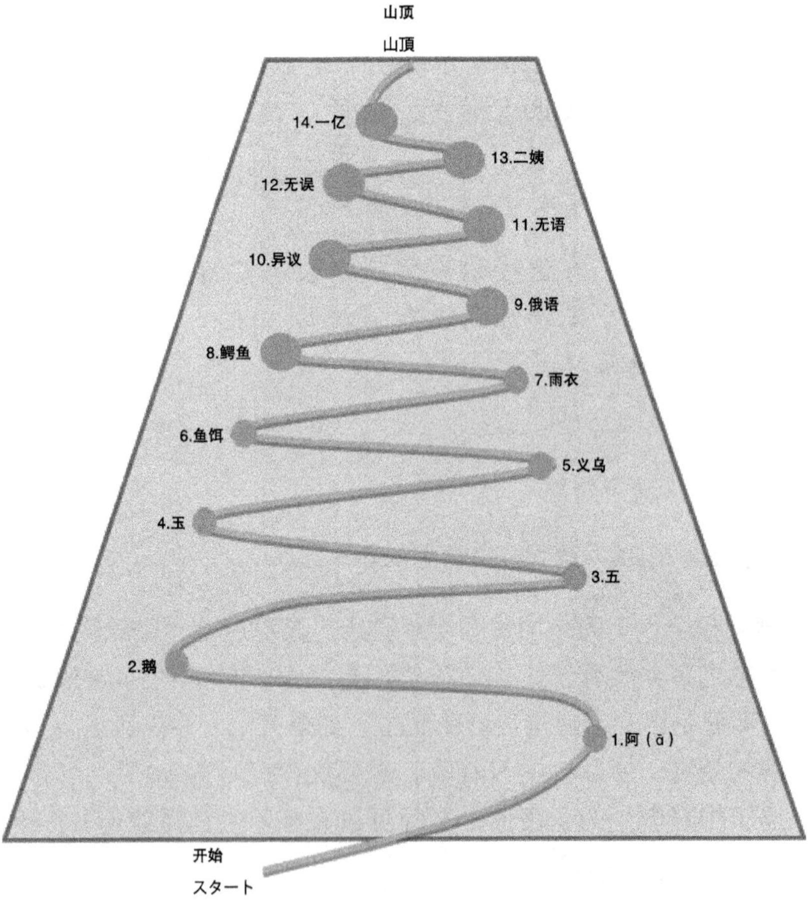

写写听课后的感受　授業の感想を書いてみましょう

课后讨论与思考　授業後の討論と考察

（一）在单元音中，只有 er 是由两个字母组成的。这个问题应该怎么给学生讲？

单韻母の中で、er だけが二つの文字から構成されています。これについてどのように学生に説明すればよいでしょうか。

（二）在讲解 a、i、u、o 的时候，我们采用的是汉日语音对比的方法；在讲 ü、e 的时候，我们采用的是带音法。你在教学中还用过什么样的方法？

a、i、u、o の発音を説明するとき、私たちは中国語と日本語の対比という方法を採用しました。ü と e のときは、ある音から誘導する形（帯音法）で発音方法を説明しました。みなさんは他にどのような教え方を使ったことがありますか。

（三）有些教材解释元音的发音要领的时候，把某些音描述为"舌位高"，看到这种情况，有些同学就把自己的舌尖抬起来，离开下腭。这样做对吗？

ある教材ではある母音の発音の説明のときに、「舌の位置が高い」と説明されています。このような説明を見て、ある学生は自分の舌先を下顎から離して高く上げました。この学生のやり方は正しいでしょうか。

（四）下面都是关于汉语 a 发音要领的解释。仔细看看每种解释各有什么特点。

以下は中国語の a の発音方法についての説明です。説明方法においてそれぞれどのような特徴があるでしょうか。

解释 1：説明 1

前，低，不圆唇元音。发音时，口腔打开，舌尖略向前伸，舌面下降到最低度，嘴唇不圆。例如“沙发”(shāfā)、“马达”(mǎdá)。(《现代汉语（重排版）》，北京大学中文系现代汉语教研室编，商务印书馆，2004 年，第 30 页）

前舌広母音、非円唇。発音の時、口腔を開いて、舌尖を少し前に伸ばし、舌面を一番低い位置まで下げます。口は非円唇です。例えば、「沙发（shāfā）」、「马达（mǎdá）」。

解释 2：説明 2

发音时，嘴张大，声带振动，舌头居中，舌位处于垂直位置的最低处，让气流自然释出。这个音与英文 j<u>ar</u> 的最后一个音（加下画线的部分）的发音相似，但是汉语的“a”舌位应比 jar 的“ar”再稍微往前一些。(《汉语拼音入门》，沈禾玲、蔡真慧、周虞农编著，北京语言大学出版社，2006 年，第 22 页）

発音のとき、口を開いて、声帯を振動させます。舌の位置は真ん中、かつ一番低い位置まで下げ、息を自然に吐き出します。この音は英語の j<u>ar</u> の最後の音（下線部の音）の発音と似ています。ただ中国語の「a」の舌の位置は jar の「ar」よりも少し前になります。

（五）有些日本学生发音很标准，但声音很小。这些学生说话的时候，因为声音小，对方常常听不懂，所以他们越来越没有自信，结

果声音变得更小。我们应该怎样指导这样的学生？

ある日本人学生は発音は正確なのですが、声が大きくありません。このような学生は話をするとき声が小さいため、相手が聞き取れないということがたびたび起こります。結果、自信を無くし、声がさらに小さくなってしまうということになります。このような学生に対してどのような指導をすればよいでしょうか。

（六）作为对外汉语教师应该知道，学生说的话有时候不一定能恰当地表达他想说的意思，有时候教师说的话也会让学生误会。看看下面的对话，分析一下画线部分的含义：

学生が話す内容は必ずしも学生が心の中で思っている内容と一致しないということは対外漢語の教師として知っておくべきことです。また、教師が話す内容を学生が誤解してしまうこともあります。以下の会話を見て、下線部の意味を分析してください。

（打电话中）

中国老师：明天上课地点变了，301 教室上课，好吗？

日本学生：好的，好的，好的。

中国老师：……哦，那明天见。

四、怎样教声母（一）

声母の教え方（一）

▶▶ 课前准备　授業前の準備

（一）基本知识　基本知識

声母是音节开头的辅音，汉语中有 22 个辅音，其中能做声母的有 21 个。n 除了做声母，还可以做韵尾；ng 只能做韵尾，不能做声母。这些做声母的汉语辅音可以从“发音部位 +[送气与否]+[清浊]+ 发音方法”几个方面加以描述。

声母は音節の初めに来る子音です。中国語には 22 の子音があり、その内 21 の子音が声母になります。n は声母、韻尾のどちらにもなることができます。ng は声母にはなれず、韻尾にだけなることができます。これらの子音はどれも「発音部位＋[有気無気]＋[清濁]＋発音方法」のパターンで記述することができます。

1. b、p、m、f

b[p]：**双唇、不送气、清、塞音 *。**
两唇音、無気音、清音、破裂音。

p[p‘]：**双唇、送气、清、塞音。跟 b 的区别在于送气和不送气。**
两唇音、有気音、清音、破裂音。b との違いは有気か無気かという点。

m[m]：**双唇、浊、鼻音。**
两唇音、濁音、鼻音。

f[f]：　**唇齿、清、擦音 *。**
唇歯音、清音、摩擦音。

由于这些音的发音部位相同（除了 f 稍有不同以外），所以一起学比较方便。有些日本学生对送气与不送气的区别不太敏感，对“送气”这个概念也比较陌生。

これらの音の発音部位は同じですから（f が少し異なるのを除き）、同時に学習するのに適しています。多くの学生は有気無気の違いに敏感ではなく、概念自体にもあまり馴染みがありません。

2. d、t、n、l

d[t]：　**舌尖中、不送气、清、塞音。**
舌尖音、無気音、清音、破裂音。

t[t‘]：　**舌尖中、送气、清、塞音。跟 d 的区别在于送气和不送气。**
舌尖音、有気音、清音、破裂音。d との違いは有気か無気かという点。

n[n]：　**舌尖中、浊、鼻音。**
舌尖音、濁音、鼻音。

l[l]：　**舌尖中、浊、边音。**
舌尖音、濁音、側面音。

l 的发音是难点之一。日本学生容易用日语“ら”的辅音来代替汉语的 l。

l の発音は難点の一つです。日本人学生は日本語の「ら」の子音を使って中国語の l の音を発音してしまいがちです。

3. g、k、h

g[k]：　**舌根、不送气、清、塞音。**
舌根音、無気音、清音、破裂音。

k[k‘]：**舌根、送气、清、塞音。跟 g 的区别在于送气和不送气。**

舌根音、有気音、清音、破裂音。g との違いは有気か無気かという点。

h[x]：**舌根、清、擦音。**

舌根音、清音、摩擦音。

hu[xu] 的发音是难点。有些日本学生会发成日语的“ふ（[ɸɯ]）”。

hu[xu] も会得が困難な発音です。日本語の「ふ（[φɯ]）」の音を使う学生もいます。

（二）课前思考　授業前の思考問題

日本学生练习这些辅音时，辅音后面带上什么样的元音比较合适呢?

日本人学生がこれらの子音の発音を練習するときに、子音の後ろにどのような母音を組み合わせるとよいでしょうか。

▶▶ 课堂教学　教室での授業

b、p、m、f

（一）b、p

山　田：老师，从昨天开始我身上痒痒的，尤其是睡觉的时候。

李老师：是不是你还像在日本时一样每天洗澡啊?

山　田：是的，我每天洗澡。

李老师：中国北方气候比较干燥，你每天可以用水冲*一冲，但不用每天都搓*身体。中国南方比较潮湿，可以天天洗澡。

山　田：没想到洗澡多了也不好，过犹不及*啊。那我以后隔一天搓一次身体吧。

……

李老师：汉语的 bo 和 po 像日语的什么音？

山　田：像“ぼ（用罗马字母写成 bo）”和“ぽ（用罗马字母写成 po）”。

李老师：好。日语的 b 和汉语的 b 的主要差别是声带振动与不振动。汉语的 b 声带不振动，日语的 b 声带振动。

山　田：声带是喉头里面的那个？

李老师：对，我们用普通镜子看不到声带的振动，但可以感觉到。发音的时候，把手放在喉头上，就能感觉到声带的振动。虽然日语的 b 和汉语的 b 有声带振动与否的差别，但我们还是可以暂时用日语的 b 来代替汉语的 b。

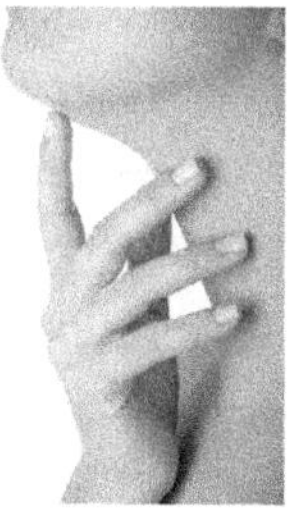

山　田：这样没问题吗？

李老师：嗯。有两个理由：第一，很多中国人感觉不到汉语的 b 和日语的 b 的差别；第二，日本学生很难发出声带不振动的汉语的 b。有些学生努力发它，但是发出的往往是 p。比如，“对比”发成 duìpǐ。

山　田：产生了歧义 *。

李老师：哦，这种情况一般不叫歧义。“歧义”是这样的，比如，我上次去小超市买东西的时候，遇到了一个顾客，他问服务员：

顾客：有三元的牛奶吗？

服务员：没有，有两块五的。

顾客：哈哈，我要的是三元牌的牛奶！

山　田：哈哈，有意思。“歧义”是这样的啊。

李老师：我们认为，既然我们发成日语的 b 中国人完全能听懂，所以我们不必在这个问题上折腾 *，应该把更多的时间用在语言运用等实际能力的训练上。不过，你应该知道你发的音不是标准的汉语音。

山　田：知道了。其实我以前没想那么多，用日语的 b 代替汉语的 b，主要是由于不会发汉语的 b。

李老师：汉语的 bo 和 po，如果按照日语的罗马字母来读，bo 基本上没问题，但 po 就不行了，有时成功，有时失败，失败的时候中国人会听成 bo。所以，这个 p 我们要好好练习，否则中国人会听错的。主要原因是日语的 po 有时送气（词的开头），有时不送气（词中），送气的时候气流也不够强，所以中国人很难听明白。

山　田：哦，那我们发汉语的 po 时，使劲送气就行了。

李老师：我觉得很多学生的送气音发得不够准确，是因为不了解送气到底是怎么回事。因为有比较强的送气过程，p 后面的 o 要比 b 之后的 o 出现得晚。实验结果显示，发汉语的 bo 时，o 在 b 发出大约 10 毫秒后出现，而发 po 时，o 在 p 发出大约 100 毫秒后才出现。

山　田：看来汉语送气音的送气是很强的。

李老师：我们现在开始练 po 吧。我们首先慢慢地发日语的 po。

山　田：p……o。

李老师：感觉 p 和 o 分开了吧？现在在 p 和 o 之间加点送气的过程，即 p+ 送气 +o（边说边在黑板上写）。先慢慢说，然后结合得自然一些。

山　田：p……（送气）……o，p……（送气）……o。

李老师：差不多了。如果自己不太清楚送不送气，这里告诉你一个判断方法。

山　田：用机器测？

李老师：不，但这个方法很有名。你把纸放在嘴唇前，然后发 bo 和 po。发 bo 的时候不送气，纸不动，发 po 时送气，纸被吹动。

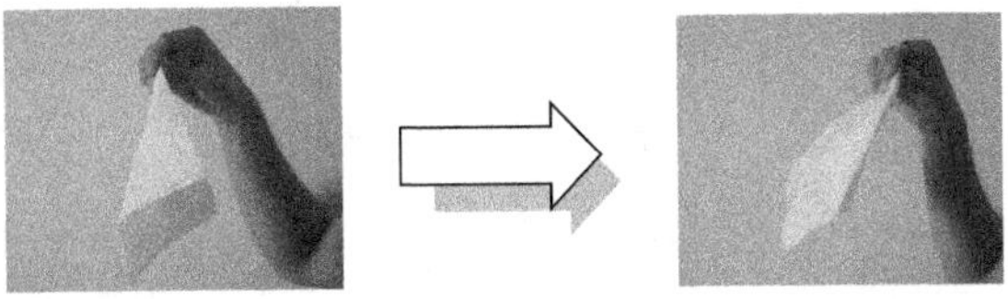

山　田：那我用卫生纸吧。

李老师：不行，太轻了，说 bo 的时候也会被吹动。最好用稍微厚一点的打印纸，两张合起来用更好。

山　田：（发 bo，po）发 bo 的时候纸几乎不动，但发 po 的时候纸明显动了。

李老师：对。不过纸虽然动了，但不一定表示 po 发得准确了。

山　田：为什么？

李老师：因为有的学生送气的地方错了，比如在发 o 后用力送气，虽然纸同样动了，但发的不是准确的 po。准确的 po 是在 p 和 o 之间送气。

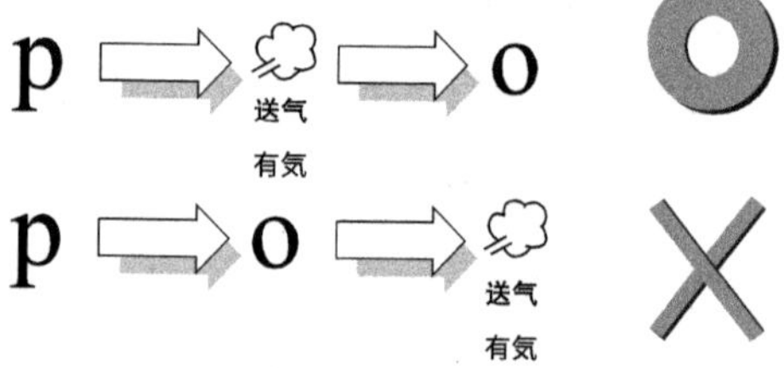

送气不送气的区别非常重要。日语的“バス（公交车）”和“パス（传球）”听起来完全不一样吧？同样道理，送不送气，对中国人来说也是完全不同的，虽然日本人感觉不到多大区别。

（二）m

李老师：现在我们学习 m。上下嘴唇合上，确保气流不能从嘴里通过，只能用鼻子呼吸，然后说“ん”。

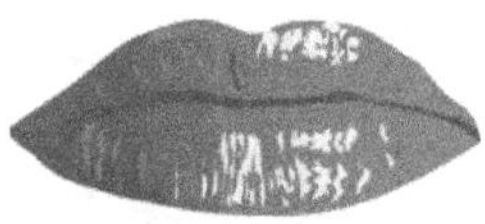

汉语 m

中国語の m

山　田：m，m，m。

李老师：对，这就是 m。鼻子里面感觉到振动了吗？

山　田：不是很清楚。

李老师：那么读得长一点。试一试。

山　田：m——，感觉到了，这种感觉在发 b 和 p 的时候没有。

李老师：对，鼻子里面有比较强的振动感是 m 的重要特点。如果你对这点还不是很清楚，你可以捏 * 住鼻子发 m。

山　田：（捏鼻子发音）……真的发不出 m 来了。

李老师：好。下面带上个元音，读一下 mo。

（三）f

李老师：虽然日语中没有 f，不过相对来说它还是比较容易掌握的。先单独发一下 f 吧。你让下面的嘴唇和上面的牙齿接触一下。

山　田：（点点头。）

李老师：我想问你，刚才是上面的牙齿移动去接触下面的嘴唇，还是下面的嘴唇移动去接触上面的牙齿？

山　田：移动的是上面的牙齿吧。

李老师：你对着镜子看看。

山　田：啊！原来是下面的嘴唇移动！上面的牙齿没动！

李老师：有的时候，我们的感觉和实际的动作并不一样，所以练习发音时还是对着镜子比较好。好的，有点跑题了。现在保持下面的嘴唇接触上面的牙齿的状态，吹吹气。

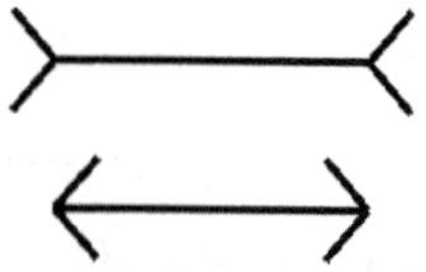

错觉的例子：感觉上边线段比较长，其实长度相同

錯覚の例：上の線が長く見えるが、実は二つとも同じ長さ

山　田：（吹气）……

李老师：轻轻地接触就行，不要咬 * 下面的嘴唇。

山　田：好的，f，f，f。

李老师：感觉到上面的牙齿和下面的嘴唇之间有很强的摩擦 * 吧？如果有蛀牙 * 的话，应该会疼的。这就是 f。我们学英语的时候学过这个音。有的同学无意中把 fo 当作日语的罗马字母读成“ふぉ”。读日语的“ふぉ”时，用的是上下嘴唇，上面的牙齿不接触下面的嘴唇。发汉语的 f 的时候可以看到上面的牙齿，发日语的 f 的时候看不到。发音的时候看看镜子就清楚了。

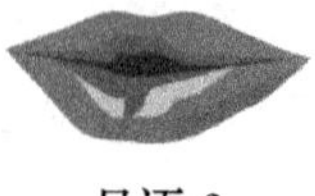

日语 f

日本語の f

汉语 f

中国語の f

d、t、n、l

（一）d、t

李老师：其实汉语中 d 和 t 的关系，跟 b 和 p 的关系一样。

山　田：日语的 d 和 t 的区别是声带振动与否，而汉语 d 和 t 的不同是不送气与送气吗？

李老师：对。我们还是用学 b 和 p 时的方法学 d 和 t 吧。一般情况下，练习 d、t、n、l 的时候后面加的元音是 e。e 虽然我们学过了，但毕竟日语中没有类似的音，发起来很难，所以我们用 a 代替 e。别忘了汉语中的 a 比日语的 a 开口度大。d 呢，可以用“だ（da）”的辅音来代替；t 呢，用加强送气后的“た（ta）”的辅音来代替。好的，先发“た（ta）”，感觉一下舌尖碰到哪里。

山　田：た，た，た。不知道，用镜子也看不到。

李老师：那么这样吧，那你连续说“た”，像啄木鸟*那样。但注意声音要像耳语一样小，而且语速慢点。

山　田：た，た，た，た，た，た……舌尖每次都碰到上齿龈。

李老师：对。也可以这样做，在快要发出“た”的时候停一下，然后看看舌尖在哪。

山　田：……舌尖在上齿龈上。这次很清楚了。

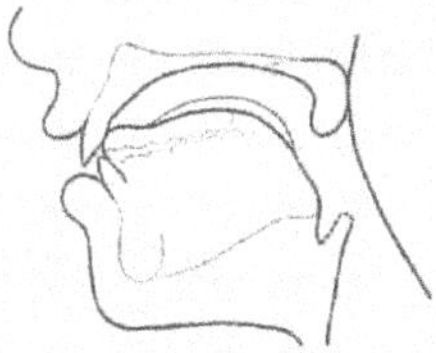

发 t 时的侧面图

tの発音時の口腔断面図

李老师：好。我们发汉语的 d、t、n 和 l 的时候舌尖都碰到刚才的地方。

山　田：看来同时学 d、t、n、l 是有道理的，舌头碰到的地方都一样。

李老师：是的。上次学的 b、p、m、f 也有共同点，发音部位都是上下唇（除了 f 稍微不同以外），所以便于一起学。

（二）n、l

李老师：先看 na 吧。日语的 n 和汉语的 n 大致一样。你觉得 n 和上次学过的 m 像吗？

山　田：（发 ma 和 na）感觉有点像，但不知道哪里像。字形呢，有点像。两个 n 可以组合成一个 m。

$$n + n \approx m$$

李老师：（微笑着）你试试，在快要发出 na 之前停一下。然后嘴形保持不变，从嘴里出点气。

山　田：……出不来。

李老师：对，因为发 n 的时候嘴里被舌头堵住了，空气只能从鼻子里出来。这点跟 m 一样。所以 n 和 m 都叫鼻音。利用字形记住也可以，m 的字形有点像鼻子吧。n 字是一个鼻孔 *，两个 n 可以组成一个鼻子（m）。

n + n = 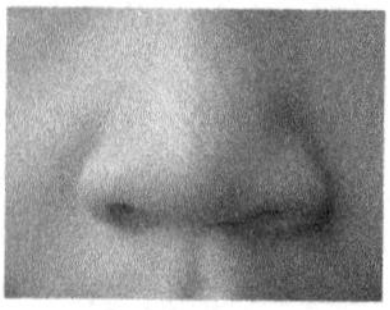

m

下面开始发 la。如果我们用“ら”代替汉语的 la

音，有时中国人能听懂，有时对方听不懂。所以我们不能用日语的“ら”来代替汉语的 la。你先把舌尖放到跟 d、t、n 一样的位置（上齿龈），然后确定一下能不能用嘴呼吸。

山　田：……能呼吸。

李老师：这说明你的嘴没被舌头堵住。你知道哪里有空隙 * 吗？嘴稍微扁点，用镜子看看。

山　田：（看镜子）舌头的侧面有空隙。

李老师：对，舌头保持这个状态，你吸一口气。

山　田：（吸气）舌头两侧感觉很凉快，空气从两侧进来了。

李老师：嗯，呼气的话，空气是热的，舌头同样也是热的，所以很难感觉到气流通过。汉语的 l 在日语中不存在。对比一下汉语的 la 和日语的“ら”。你能感觉到舌头移动得不一样，而且听起来也不一样。

g、k、h

（一）g、k

李老师：我们先看看 g 和 k。这两个音的区别跟 b 和 p 一样。g 呢，可以用“ぐ（gu）”的辅音来代替；k 呢，用加强送气后的“く（ku）”的辅音来代替。另外，一般练习 g、k、h 的时候后面的元音选择 e，但我们选择 u，因为对日本学生来说 u 更容易发一些。

山　田：谢谢。这样就轻松多了。

李老师：不过，我们要明确一下发音的时候舌头碰到的位置，这都是为了发准下面要学的h。我们先看看g。你读一下“ぐ（gu）”，在你快发出“ぐ”之前停一下，看看能不能用嘴呼吸。

山　田：……嘴里堵住了，无法呼吸。

李老师：对，发“ぐ”的时候嘴里堵住了。那你知道是用什么堵住的吗？

山　田：应该是舌头，但是不知道具体用了舌头的哪个部分。

李老师：嗯，其实这个很难感觉到。我们发“ぐ”的时候，舌头的后部（舌根）接触软腭把嘴里堵住了。

山　田：如果有什么机器，能让我们看到嘴里的情况，我们肯定能学得更好。

李老师：其实不用机器也可以感觉到。你再做好发“ぐ”的准备，发出声音之前停一下，然后放松。这个过程反复做几次。

山　田：……软腭有被粗糙*的东西碰到的感觉。

李老师：嗯，差不多。我们发g、k、h的时候，都用这个地方。你可以通过镜子观察舌头往后缩的样子，张开嘴，然后在快要发出“ぐ”之前停一下，这时候可以看到舌头的移动。

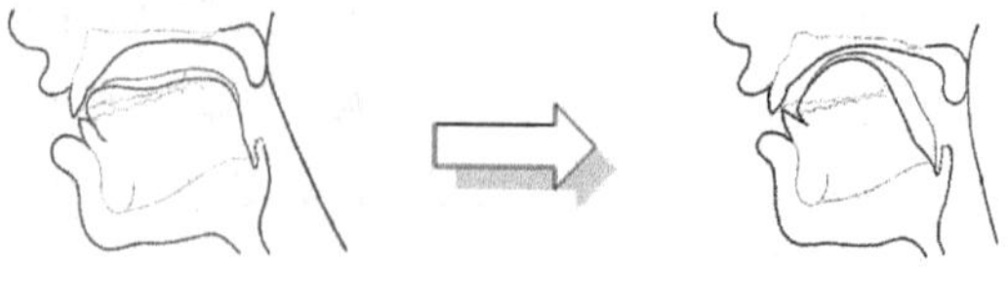

自然状态
自然の状態

汉语g
中国語gの発音時

山　田：（看镜子）真的。没想到发“ぐ”的时候舌头会这样动。

李老师：（微笑着点点头）所以我强调过，能想象得出自己嘴里的情况对学习语音来说非常重要。

（二）h

李老师：下面看看 h 吧。很多日本学生用日语的“ふ（罗马字母 hu）”来代替汉语的 hu。发汉语的 h 时，发音部位跟 g、k 一样。但日语 h 的发音部位是上下嘴唇，所以绝对不要把汉语的 hu 当成日语的 hu。现在，练习一下汉语的 hu。想象一下这样的情况：天气很冷，风很大，你正在回家的路上，感到手非常冷。现在你哈 * 一口气暖和 * 一下手。

山　田：hu—，hu—。

李老师：对，绝对不能用“ふ—、ふ—”来暖和手，因为用“ふ—、ふ—”呼出来的气比较凉。

山　田：“ふ—、ふ—”一般吹灰尘 * 时用。

李老师：呵呵，还可以在吹蜡烛的时候用。你刚才“hu—，hu—”的时候，是不是感到有风的地方跟发 k、g 时一样。这时候发出来的音就是汉语的 h。如果能在了解发音原理的基础上练习发音，就可以发得更地道 *，更像中国人。这次特意让你感觉了一下发音时舌头触碰的位置，这

是为下面学更复杂的音做准备。对自己嘴里的情况了解得越清楚，外语的音会发得越好。现在闭着眼，想象一下舌头碰到的部位：bo、da、gu。

山　田：（闭着眼）嗯，能感觉出来。像探索*一个小洞穴*似的。

李老师：不错。再熟练些应该就可以画出自己嘴里的情况了。下课前做做下面的练习。

练习题　練習問題

套圈*　輪投げ

读音准确等于套到相应的玩具。前排比较简单，越往后难度越大。为了提高学生的积极性，老师可以在练习之前播放游乐园中播放的音乐。

おもちゃの上に表示されている単語を正しく発音することはそのおもちゃへの輪投げが成功したことを意味します。近くにあるおもちゃに書かれている単語は易しいですが、遠くなればなるほど単語は難しくなります。学生の積極性を高めるために、初めに遊園地の音楽を流すとよいかもしれません。

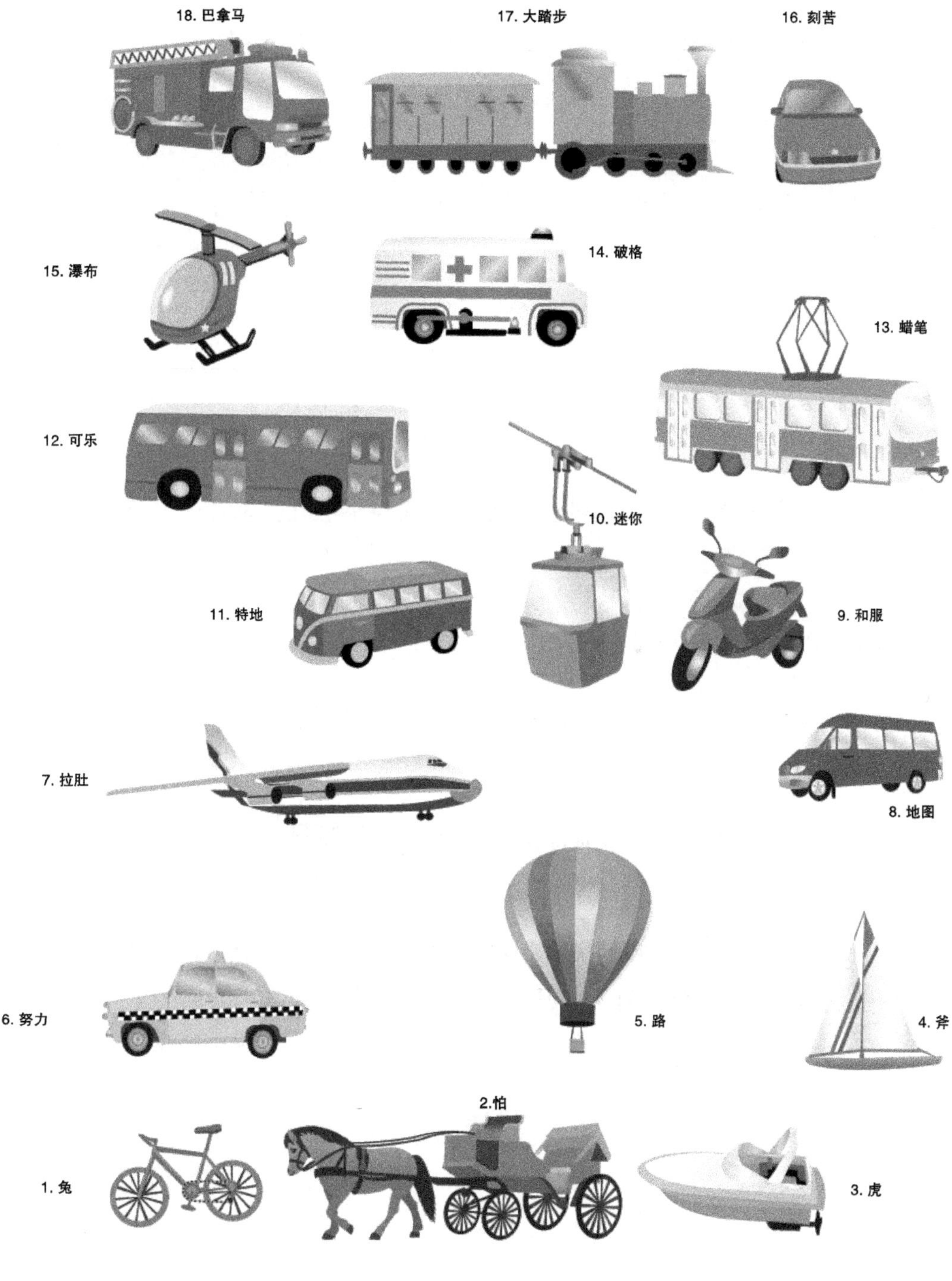
18. 巴拿马
17. 大踏步
16. 刻苦
15. 瀑布
14. 破格
13. 蜡笔
12. 可乐
10. 迷你
11. 特地
9. 和服
7. 拉肚
8. 地图
6. 努力
5. 路
4. 斧
2.怕
1. 兔
3. 虎

写写听课后的感受　授業の感想を書いてみましょう

课后讨论与思考　授業後の討論と考察

（一）“吹纸”的方法可以感觉到送气与不送气。思考一下有没有其他的方法。

「紙吹き」の方法で有気と無気の違いを会得することができます。他にも方法があるか考えてみてください。

（二）日语“ふ”的辅音和汉语的 f 有什么不同？

日本語の「ふ」の子音と中国語の f はどこが違うでしょうか。

（三）日语“ら”的辅音和汉语的 l，到底哪里不一样？

日本語の「ら」の子音と中国語の l はどこが違うでしょうか。

（四）声母和四呼的组合规则对汉语方言区的人学习普通话很有帮助。比如，上海话有 fi，但是普通话的 f 不能跟齐齿呼组合。日本学生说汉语时，会不会出现声韵组合不合汉语普通话规则的情况？比如发出 be、pe 的音。

声母と四呼の組み合わせは地方出身の人が標準語を学習するのに役立ちます。例えば、上海語には fi という組み合わせがありますが、標準語では f は斉歯呼と組み合わせることはできません。日本人学生が中国語を話すとき、声母と韻母を間違って組み合わせるというような状況は起きうるでしょうか。例えば be や pe のような音が使われることはあるでしょうか。

（五）作为对外汉语教师应该知道，学生说的话有时候不一定能恰当地表达他想说的意思，有时候教师说的话也会让学生误会。看看下面的对话，分析一下画线部分的含义：

学生が話す内容は必ずしも学生が心の中で思っている内容と一致しないということは対外漢語の教師として知っておくべきことです。また、教師が話す内容を学生が誤解してしまうこともあります。以下の会話を見て、下線部の意味を分析してください。

中国老师：不好意思，我在网上查了，20号出发的去西安的火车票没有了。

日本学生：啊，<u>为什么</u>？

中国老师：……嗯？

五、怎样教复韵母

複韻母の教え方

课前准备　授業前の準備

（一）基本知识　基本知識

由复合元音（两个或两个以上的元音）组成的韵母叫复韵母。复韵母包括前响复韵母（ai、ei、ao、ou）、后响复韵母（ia、ie、ua、uo、üe）和中响复韵母（iao、iou、uai、uei）。

複合母音（二つもしくは二つ以上の母音）から構成される韻母を複韻母と言います。複韻母には前響複韻母（ai，ei，ao，ou）、後響複韻母（ia，ie，ua，uo，üe）と中響複韻母（iao，iou，uai，uei）があります。

日语中没有复元音，但因为英语中有复元音，所以日本学生不会觉得太陌生。不过有些日本学生偶尔会把复元音当成两个独立的单元音来读。

日本語には複合母音はありません。ただ英語には複合母音があるので、日本人学生にとって複合母音は馴染みがないわけでもありません。一部の日本人学生は複合母音を二つの独立した単母音として発音してしまうことがあります。

（二）课前思考　授業前の思考問題

用画图的方法，区分一下单元音连读和复元音。

図を用いて、連続した単母音と複合母音の違いを説明してください。

课堂教学　教室での授業

山　田：老师，这几天我跟同学去逛街，发现中国人说话的声音比我们大得多。

李老师：嗯，确实比较大。你说这是为什么呢？

山　田：因为国土面积大，人和人距离远，声音小了对方听不见。

李老师：其实我也不知道准确答案。日本人说话声比较小，但是生活中有时需要大声说话，来中国是练习大声说话的好机会。

山　田：入乡随俗*，好的！

……

李老师：“a——，i——”和“ai”。你知道哪里不一样吧？第二个叫复元音。读复元音时，能听到从 a 到 i 的变化过程，感觉不出中间明确的界限。

连续读

a 和 i　　　　a a a a a i i i i i

复元音

ai　　　　a a a a …… i i

山　田：明白了。我记得前天在宿舍里听到留学生同学说话的声音。他喊了几次：ai（复元音）。开始我不知道什么意思，后来才知道他是在叫阿姨（āyí）。

李老师：这个挺有意思的。我知道你们是不会犯这样的错误的，日本学生一般会把复元音读成两个独立的单元音。不过，你们以前学英文的时候也学过一些复元音，所以现在学起来会容易些。下面是我们要学习的复元音：

第一类 タイプ1	第二类 タイプ2	第三类 タイプ3
ia	ai	uai
ie	ei	uei
ua	ao	iao
uo	ou	iou
üe		

山　田：一共 13 个，很多啊。

李老师：我们学过的单元音除了 er 以外一共 6 个，如果它们都可以相互组合的话，两个元音的组合一共是 36 种，三个元音的组合一共有 216 种，按理说可能会有 252 个复元音。但汉语中只使用其中的 13 个，只有二十分之一左右。这样想的话你就会觉得 13 个复元音很少了。

山　田：那倒是……

李老师：现在开始练习复元音。发音的第一个规则是：复元音中的每个元音不是平等的，开口度大的元音读得最响亮*，读得最长。

山　田：那第一类中的第二个元音、第二类中的第一个元音、第三类中中间的元音读得最响亮最长。

ia　ai　uai

宽的字母表示读得长，窄的字母表示读得短

横幅の広い文字は長く読み、横幅の狭い文字は短く読む

李老师：正确。第二个规则是：复元音里出现的e不是我们在单元音里学过的e，而是ê，跟日语中的“え”相似。

山　田：差别这么大的音，为什么用同样的字母来表示呢？

李老师：嗯，原因比较复杂，不用多想，先接受吧。

山　田：那我在心里把复元音中的e写成“e^え”吧。

李老师：可以。自己怎么想都可以，只要能发准确就行。现在可以读第一类了。跟着我读一下。

山　田：（跟着读）……

李老师：都读对了，这一类最容易。注意两条规则就差不多了。下面看第二类。读第二类的时候要遵循*不同的规则：第二个音读得没那么清楚。这点跟第一类不一样，第一类的第一个音只是读得短，第二类的第二个音不仅读得要短，而且读得要模糊。如果你读得太清楚，就不对了。注意一下这点，跟着我读一下。

ia　ai

i：不仅读得短，而且读得模糊

i：短く、かつぼやけた感じで読む

山　田：（跟着读）……

李老师：嗯，可以。如果第二个音读得很清楚的话，就不像复元音了。下面是第三类。第三类有点麻烦。

第三类 タイプ3	
A组 Aグループ	B组 Bグループ
uai	uei
iao	iou

第三类是“单元音 + 第二类”的形式。读的时候，开头的元音读成第一类的第一个元音，就是读得要短，剩下的两个字母按照第二类的读法读就可以了。

u(ai)　u(ei)

i：不仅读得短，而且读得模糊

i：短く、かつぼやけた感じで読む

山　田：（读一读）能发好第一类和第二类的话，第三类就不难了。

李老师：第三类B组的复元音得注意，拼写的时候中间的字母一般省略。比如，g+uei 写成 gui。复元音学起来不难，也容易模仿，但里面规则比较多，需要注意。我相信你不会把第一类复元音按照第二类复元音的读法读，同样不会把第二类复元音按照第一类复元音的读法读。

山　田：（试试）这样读太奇怪了，自己马上就知道读得不对。

李老师：好。复元音出现频率很高，希望你好好练习。现在完成下面的练习。

练习题　練習問題

从地球飞到火星旅行　地球から火星への旅行

经过大颗 * 的星星时，不仅要读好，还需要大声读。别忘了最后还得回到地球。为了提高学生的积极性，老师可以在练习之前播放《星际大战》（*Star Wars*）等音乐。

大きな惑星を通過するときは、ただ正しく発音するだけではなく、大きな声で発音する必要があります。目的地に着いたらまた地球に戻ってくることを忘れないようにしてください。学生の積極性を高めるために、初めに『スターウォーズ』(Star Wars) 等の音楽を流すのもよいかもしれません。

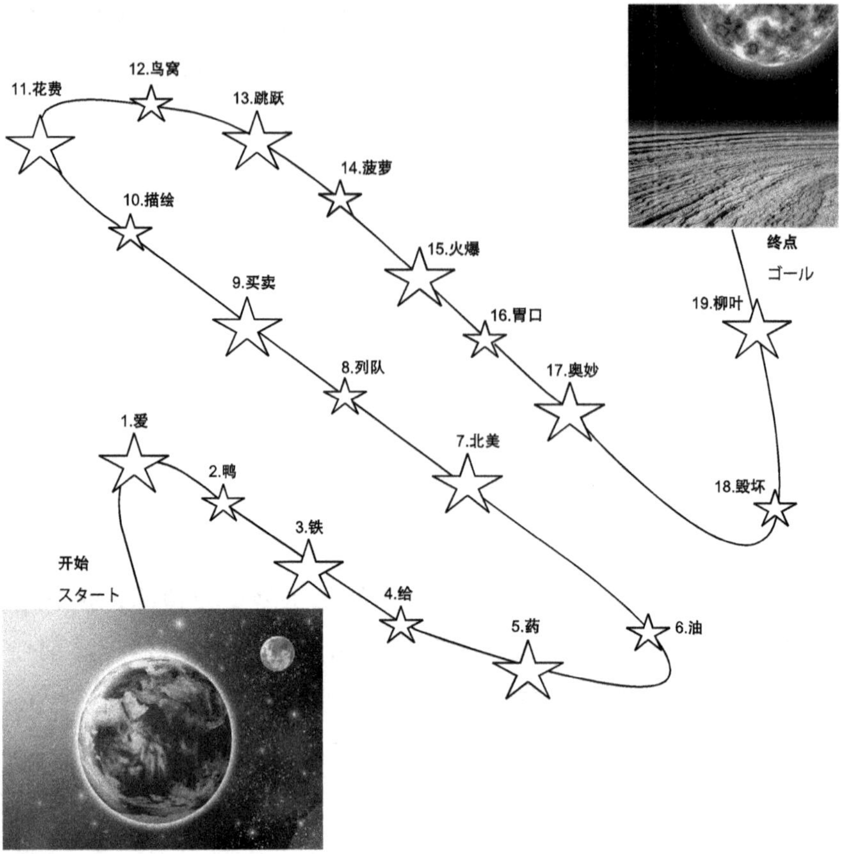

写写听课后的感受　授業の感想を書いてみましょう

▶▶ 课后讨论与思考　授業後の討論と考察

（一）声调符号（ˉ ˊ ˇ ˋ）应该加在哪些元音字母上？

声調記号（ˉ ˊ ˇ ˋ）はどの母音の上に表示されるべきでしょうか。

（二）观察一下日本学生的发音。举个例子说说日本学生容易发错什么样的复韵母。

日本人学生の発音を観察してみてください。日本人学生が間違いやすい複韻母にはどのようなものがありますか。

（三）iou、uei 跟声母组合，拼写时韵腹需要省略掉（比如 t+uei → tui，j+iou → jiu），但单独使用的时候不能省略（比如 uei → wei，iou → you）。试试读“推（tuī）”，把 ui 当作 u 和 i 组成的复元音，让中国语伴听听，他们能听懂吗？

iou と uei が声母と結合したとき、韻腹は省略されます（例：t+uei → tui，j+iou → jiu）。ただ単独で使用されるとき、韻腹は省略されません（例：uei → wei，iou → you）。試しに「推（tuī）」の ui を u と i からなる複母音として発音して、母語者に聞いてもらってみてください。相手はその音を理解できるでしょうか。

（四）作为对外汉语教师应该知道，学生说的话有时候不一定能恰当地表达他想说的意思，有时候教师说的话也会让学生误会。看看下面的对话，分析一下画线部分的含义：

学生が話す内容は必ずしも学生が心の中で思っている内容と一致しないということは対外漢語の教師として知っておくべきことです。また、教師が話す内容を学生が誤解してしまうこともあります。以下の会話を見て、下線部の意味を分析してください。

中国老师：周末过得怎么样？

日本学生：跟同学去了超市（声音比较小）。

中国老师：啊？

日本学生：……（有点不高兴的样子，声音变大）过得很好，去了超市。

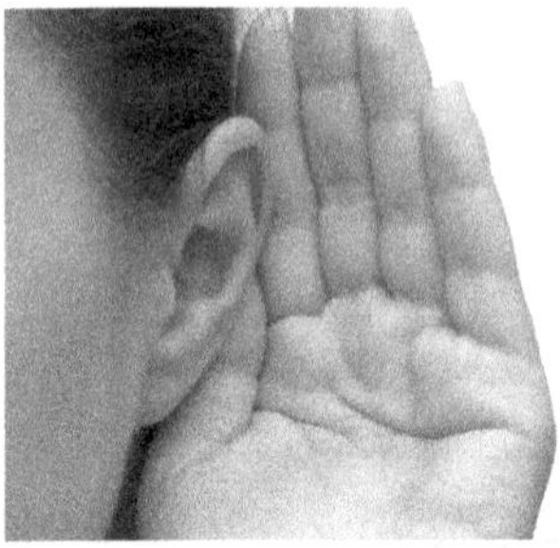

六、怎样教声母（二）

声母の教え方（二）

课前准备　授業前の準備

（一）基本知识　基本知識

1. j、q、x

j[tɕ]：**舌面前、不送气、清、塞擦音。**
舌面音、無気音、清音、破擦音。

q[tɕh]：**舌面前、送气、清、塞擦音。跟 j 的区别在于送气和不送气。**
舌面音、有気音、清音、破擦音。j との違いは有気か無気かという点。

x[ɕ]：**舌面前、清、擦音。**
舌面音、清音、摩擦音。

2. z、c、s

z[ts]：**舌尖前、不送气、清、塞擦音。**
舌歯音、無気音、清音、破擦音。

c[tsh]：**舌尖前、送气、清、塞擦音。跟 z 的区别在于送气和不送气。**
舌歯音、有気音、清音、破擦音。z との違いは有気か無気かという点。

s[s]：**舌尖前、清、擦音。**
舌歯音、清音、摩擦音。

3. zh、ch、sh、r

zh[tʂ]：**舌尖后、不送气、清、塞擦音。**

そり舌音、無気音、清音、破擦音。

ch[tʂh]：**舌尖后、送气、清、塞擦音。跟 zh 的区别在于送气和不送气。**

そり舌音、有気音、清音、破擦音。zh との違いは有気か無気かという点。

sh[ʂ]：**舌尖后、清、擦音。**

そり舌音、清音、摩擦音。

r[ʐ]：**舌尖后、浊、擦音。**

そり舌音、濁音、摩擦音。

卷舌音是日本学生学习汉语语音的难点之一。有些学生分不清 j、q、x 和 zh、ch、sh，还有些学生分不清 z、c、s 和 zh、ch、sh，另外很多学生容易把 l 和 r 弄混。

そり舌音は日本人学生にとって習得の難しい発音の一つです。ある学生は j、q、x と zh、ch、sh の区別ができず、またある学生は z、c、s と zh、ch、sh の区別ができません。l と r を区別せずに使う学生も多くいます。

（二）课前思考　授業前の思考問題

如果用带音法来教卷舌音，你会如何选择起始音？

もしある発音から他の発音を誘導する方法（帯音法）でそり舌音を教えるとすると、どのような発音からスタートするとよいでしょうか。

课堂教学　教室での授業

j、q、x

李老师：山田，你是不是胖了？

山　田：啊，真的吗？

李老师：最近称体重了没？

山　田：来中国之前称了，是 65 公斤。

李老师：估计是中国菜吃多了，尤其是油腻的菜。

山　田：确实没考虑过体重的问题，每天学习，比较紧张，而且中国菜很好吃。我以后注意吧。

……

李老师：把汉语的 ji 和 xi 读成“じ”和“し”，中国人也能听懂。但用“ち”代替汉语的 qi，对方听错的可能性会大一些，所以得好好学。不过把“じ”、“ち”、“し”加工一下就可以发出 ji、qi、xi 来，加工的过程也不难，所以你不用紧张。现在我们开始。在发“じ”之前停一下，确认一下舌头的位置。

山　田：……舌尖在上面牙齿的后面，没接触到牙齿，但离得很近。

李老师：对了。另外，我们发 ji 的时候，还要注意的是，i 是汉语的 i，不要发成日语的“い”。

山　田：这个容易，发音的时候嘴形扁一点就可以了。

李老师：对。把“ち”、“し”按照上面的方法变化一下就可以发出汉语的 qi、xi 了。你自己试一下。但要注意 q 是送气音。

z、c、s

李老师：zi、ci、si 的唇形要比“ず”、“つ”、“す”扁一些，其他方面基本相同。我们可以在“ず”、“つ”、“す”的基础上稍做加工就可以发出 zi、ci、si 来。z 和 c 的关系，跟 b 和 p 一样，区别都是不送气和送气。发 c 的时候，不要忘了送气。

日语“ず”
日本語の“ず”

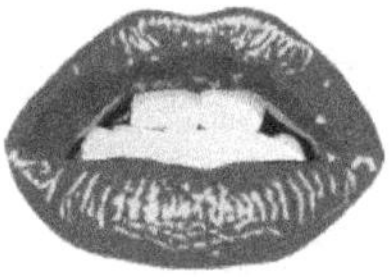

汉语 zi
中国語の zi

山　田：“ずぃぃー”。

李老师：唇形扁得太厉害了，不要像发 i 的时候那样扁。因为 zi、ci、si 中的 -i[3] 和 ji 中的 i 是不同的音。所以，发 zi、ci、si 的时候，脑子里不要想汉语的 i，或者日语的“い”。为了区别这两个 i，zi 里的 i 单独写时，写成 -i。

③ 这个 -i 就是单元音“-i[ɿ]”，我们在教单韵母时没有讲，放在这个地方讲解。
この -i は単母音の“-i[ɿ]”です。単韻母の章で扱っていない内容ですので、ここで解説を行います。

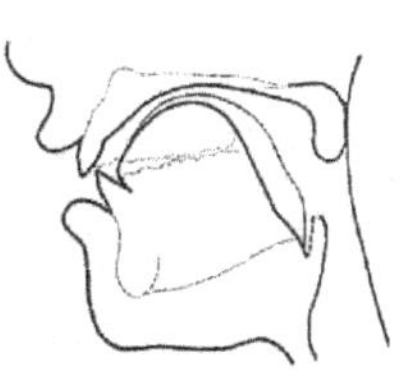

ji 里的 i
ji 中の i

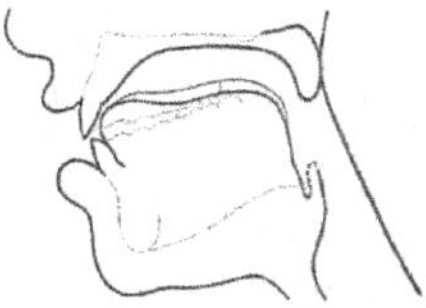

zi 里的 i
zi 中の i

山　田：-i 的写法很特别啊。

李老师：嗯，确实很特殊。不过这个问题不用多想。下面我们看看发 z、c、s 的时候舌头碰到哪里。这是为以后学 zh、ch、sh、r 打好基础。等学习 zh、ch、sh、r 的时候你就明白了。在发“す”之前停一下，感觉一下舌头在哪里。

山　田：……舌尖在上面牙齿的后面。

老　师：对。

zh、ch、sh、r

李老师：很多人认为卷舌音是最难学的辅音，这些音的确一直阻碍*着留学生。虽然它们被称作卷舌音，但实际上就是舌头自然抬起，舌尖靠近硬腭而已。舌头并没有完全“卷”起来。

山　田：“卷舌”，听起来好像卷得很厉害，像卷起被子那样。原来只是舌尖抬起，靠近硬腭而已。

李老师：对，舌头卷得没那么厉害。也有人把它叫作“翘*舌音”。这个“翘”字比“卷”更合适。但“翘”

字对留学生来说有点难，留学生教材里也很少出现。所以我觉得叫“抬舌音”更好。“抬头”、“抬脚”等等。当然，这是我自己的发明，呵呵。其实，学卷舌音，最难的是找到舌尖停放的位置。我们现在发一下s。确认一下舌尖的位置，然后慢慢说si。

山　田：si，si，si。舌尖在上面牙齿的后面。

李老师：嗯，你边说s边把舌尖慢慢抬起，沿着上齿龈慢慢向后抬。

山　田：si，（舌尖抬起一点）si，（舌尖再抬起一点）si……

李老师：怎么样？音慢慢变化了吧？发汉语的卷舌音时，接触的是舌尖的上表面，而不是舌尖背面。以前有些同学，努力用舌头背面接触，这样发起来很费劲，而且发出来的音也不太准确。

山　田：si，si，shi，shi。啊，发出来了。

李老师：对了。一般按照上面的方法试两到三次就可以发出shi了。现在我发一下shi，你仔细听，然后再调整一下舌尖的位置（老师发音）。

山　田：（边听老师的发音边自己发音）shi，shi，shi，差不多了。

李老师：下面是ri，你已经能准确发出shi，那么ri就很容易了。在发shi的同时，喉头稍微使劲，让声带振动，就可以发出ri了。至于zhi、chi呢，完全可以像shi一样练习，分别从zi和ci出发就可以了。从第一节课开始我就要求你多注意嘴里的情况，比如舌头在哪儿，舌头跟嘴里的哪个部位接触等等。所以，你现在应该对嘴里的情况比较了解了，卷舌音学起来也就不会那么难了。

山　田：谢谢！对了，老师，以前我跟同学约定见面的时间，但他总是听错，不知道为什么？

李老师：具体是什么情况，你说说看。

山　田：是这样。

同学：我们明天几点见面？

我：10 点吧。

同学：11 点，好吧。

我：是 10 点。

同学：？

我：（边说边用手势语）是 10 点。

同学：明白了。那 10 点见。

李老师：哦，我明白了。这里需要注意的是 -i 。我发现有些日本同学 -i 发得不标准，他们发的 -i，我听起来像 i。你想说“十”，但是如果 -i 发成 i 的话，同学听到的可能是“十一”。我想，很多学生发 zhi、chi、shi、ri 中的-i 时，脑子里想的是日语的“い”，这样舌头会不自觉地放到“い”的位置。所以发 -i 的时候，要提醒自己是“-i”，不是“い”，就会好一些。下面开始做练习。

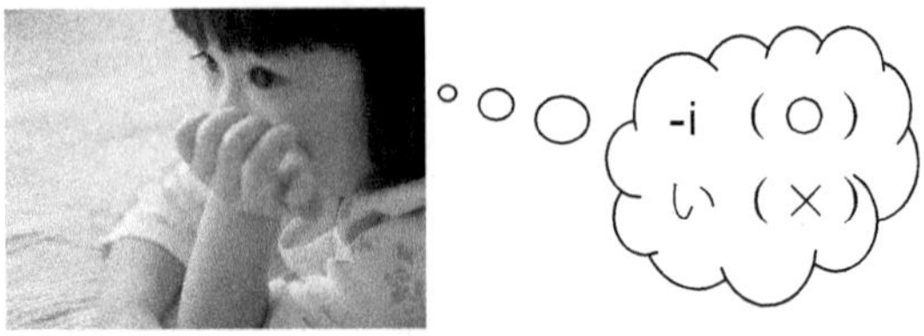

练习题　練習問題

打乒乓球　卓球

读对一个单词等于将球打到相应的位置。为了提高学生的积极性，老师可以在练习之前播放乒乓球比赛的背景声音。

卓球の球の上に表示されている単語を正しく読むことはその位置に球を打ち込むことを意味します。学生の積極性を高めるために、練習の前に卓球の試合の録音を流すのもいいかもしれません。

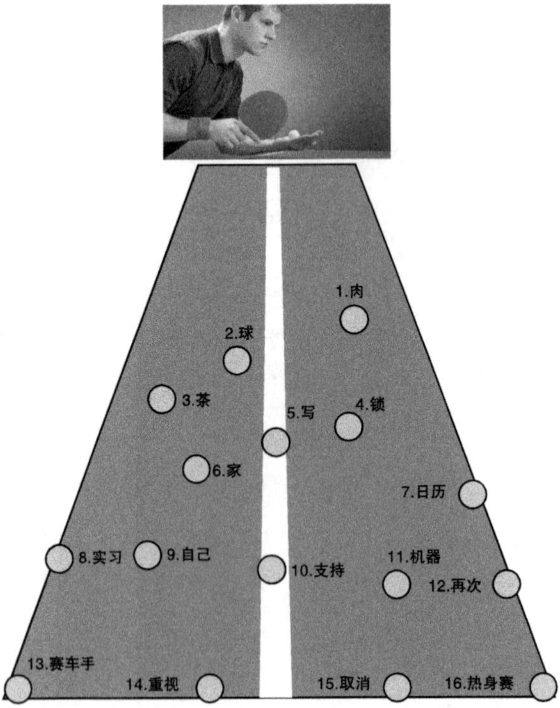

写写听课后的感受 授業の感想を書いてみましょう

课后讨论与思考 授業後の討論と考察

（一）有些日本学生用英语“job”、“check”、“ship”、“read”中的辅音来代替汉语的 zh、ch、sh、r。这样可以吗？

一部の日本人学生は英語の「job」、「check」、「ship」、「read」の中の子音を使って中国語の zh、ch、sh、r を発音します。これは正しいでしょうか。

（二）zh、ch、sh、r 和 er 有什么不同？

zh、ch、sh、r と er はどう違うでしょうか。

（三）发“い”的时候，舌位再高点，然后跟硬腭发生摩擦，这个音很像 r。这个变化了的“い”音可以代替 r 吗？请试一试用“い”代替 r，跟中国语伴交流一下，看看会有什么样的结果。

「い」の音を発音するときに、舌の位置をさらに高くすると、硬口蓋と摩擦が生まれます。この音が中国語の r の音にとても似ています。このような「い」の音で中国語の r を置き換えてもよいでしょうか。試しに、この音を r の代わりに使って、母語者と交流してみてください。どのような結果になるでしょうか。

（四）日本学生在生活中，有没有因为卷舌音发错，使对方误解意思的情况？举例子说说。

日常生活において、日本人学生がそり舌音の発音を間違えたことで、相手に誤解を与えてしまったということはありますか。例を挙げてください。

（五）很多中国人有咂嘴的习惯，例如在表达赞扬 *（如称赞食物味道好）或者不满时，都可能伴随这个动作。中国教师教日本学生时能不能习惯性地咂嘴？

多くの中国人は褒めるときなどに舌打ちをする習慣があります（例えば料理の味を褒める場合）。また、不満なときも同じように舌打ちをします。中国人の教師が日本人学生に教えるとき、普段通りに舌打ちを使用してもよいでしょうか。

【资料】資料

教 zh、ch、sh、r 的时候还可以使用"咬指"法：

zh、ch、sh、rを教えるときに「指噛み」法を使うことができます。

方法是将食指伸进口中，用食指顶住舌尖背面，然后用牙轻轻咬住食指的第一关节处，老师先做发音示范，再让学生模仿。然后老师听学生发得对不对，待他们能发出卷舌音时再让他们把手指取出。（摘自《汉语课堂教学技巧》，崔永华、杨寄洲主编，北京语言大学出版社，2002 年，第 16 页）

人差し指を口の中に入れ、指で舌先の後ろの面を持ち上げます。歯で軽く人差し指の第一関節のあたりを噛みます。教師はまず先に手本を見せてから、学生に真似してやってもらいます。教師は学生の発音が正しいかどうか判断し、学生が正しく発音できるようになったら人差し指を口から出させます。

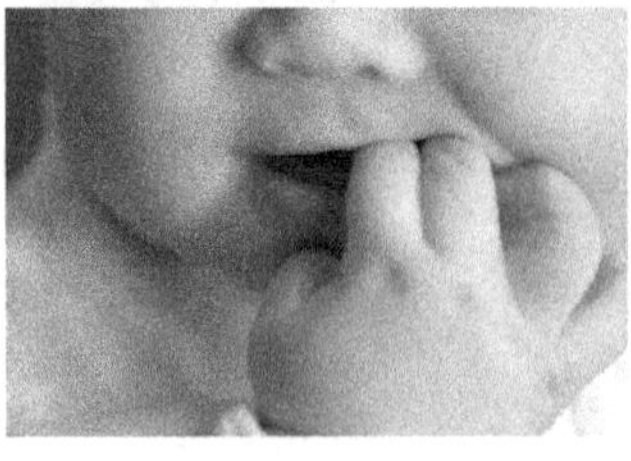

七、怎样教前后鼻音

前鼻音と奥鼻音の教え方

▶▶ 课前准备　授業前の準備

（一）基本知识　基本知識

汉语音节的韵尾可以出现两种鼻音：前鼻音 n[n] 和后鼻音 ng[ŋ]。前鼻音 n 跟声母的 n 发音部位基本相同，但没有除阻的过程。

中国語の韻尾には前鼻音 n[n] と奥鼻音 ng[ŋ] 二種類の鼻音を使うこができます。前鼻音 n は声母の n と発音部分はほぼ同じですが、最後に開放されません。

区分前后鼻音是日本学生学习的难点之一。很多学生听不出前鼻音和后鼻音的区别，发音时也很难区分这两种鼻音。

前鼻音と奥鼻音との区別は日本人学生にとって難点の一つです。多くの学生は前鼻音と奥鼻音を聞き分けることができず、また発音においても区別して発音することがあまり上手にできません。

（二）课前思考　授業前の思考問題

用简单的方法解释一下鼻音的发音原理。

簡単な方法を用いて、鼻音の発声原理を説明してください。

课堂教学　教室での授業

李老师：你听过中国的广播节目吗?

山　田：看过中国的电视节目，但没有听过广播。

李老师：看电视也行。很多电视节目有字幕，留学生看起来比较方便，但容易形成依赖*性。如果听广播的话，根本没有字幕，也不能通过画面猜测意思，全靠听，能更好地练习听力。

山　田：您能推荐个节目吗?

李老师：发音最标准的是中央人民广播电台的节目。任何地区都能收到。

山　田：我没有广播，我上网听吧。

李老师：有的手机也有接收广播的功能。有时间听听吧。坚持每天听一点，会积少成多*的。

……

李老师：前鼻音和后鼻音是日本学生学习汉语的难点之一。很多学生没能掌握好就马马虎虎过去了。有人发音时能区别前后鼻音，但听不出前后鼻音。这两个音确实很难。

山　田：我不太会区别前后鼻音，但中国同学能听懂我的话。我一直觉得很奇怪。

李老师：有可能。如果你说的句子长或者对方比较了解你的情况，即使你用“ん”来代替前鼻音和后鼻音，对方也能猜出你说的是什么词。但是对方肯定知道你的发音有问题。

山　田：我第一次来中国时，差不多是一年前吧，我和出租车司机聊天，他问我是不是从香港来的。我说不是。这次来中国，又跟一位出租车司机聊天，他问我我的老家在哪里，我让他猜，他说浙江。这样的情况比较多，从来没有人觉得我是北方人。

李老师：嗯，也许你的卷舌音啊，前后鼻音啊，有点像南方人吧。但不要伤心，出租车司机以为你是中国人，已经很不错了。我想很多日本学生不太了解鼻音的发音原理，这是你们掌握不好鼻音的主要原因之一。我问一下，你能从嘴和鼻子同时出气吗？

山　田：（想想）……能吧。跑了很长时间，喘不过气来的时候经常这样。

李老师：嗯。如果很用力，也可以发出类似马叫的声音。那么，你会只用嘴出气吗？还有，能只用鼻子出气吗？

山　田：当然！

李老师：发鼻音时“只用鼻子出气”，这时我们要先把嘴堵上。

山　田：明白了。但还不知道为什么鼻音有前后两种，我觉得鼻音只有“n”。

李老师：其实，鼻音不只两种，看看这个表：

	双唇 両唇	唇齿 唇歯	齿/龈 歯茎	龈腭 歯茎硬口蓋	卷舌 そり舌	硬腭 軟口蓋	软腭 硬口蓋	小舌 口蓋垂
鼻音 鼻音	m	ɱ	n	ȵ	ɳ	ɲ	ŋ	ɴ

（摘自《语音学》，朱晓农，商务印书馆，2010年，第136页）

山　田：哇！这么多。怎么会有这么多鼻音呢？

李老师：（微笑）这些音的区别主要是由于嘴里堵塞的位置不同造成的。我们可以想象一下，有这样一种乐器：灰色的地方是乐器的主体。黑色配件 * 可以完全堵塞气流。（I）和（II）不同的地方就是黑色配件的位置。现在输入空气，如果输入的空气量一样的话，（I）和（II）能发出一样的声音来吗？

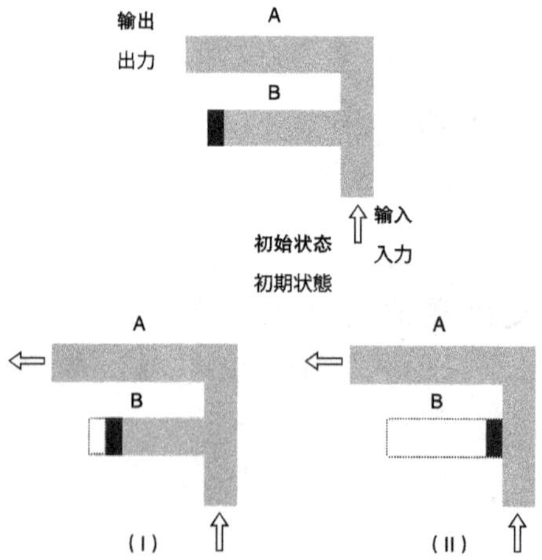

山　田：（I）的话，部分空气进入B；（II）的话，所有的空气直接进入A，所以，（I）和（II）发出来的声音

肯定不一样。

李老师：对了。关键是黑色配件的位置。我们发鼻音时大概就是这个样子，A 是鼻子里面，B 是嘴里面，黑色配件是舌头或者上下嘴唇。如果嘴里的情况不同，发出来的鼻音就不一样。

山　田：哦，这么回事啊。通过调整嘴来调整鼻音，真是没想到。

李老师：嗯，鼻音也是需要嘴的配合的，这很有意思。现在开始练前鼻音和后鼻音吧。先看前鼻音。你记得 n 吧？

山　田：记得，发 n 之前舌尖和上面的齿龈接触，把嘴堵住了，气从鼻子里呼出。

李老师：要注意的是，这次发 n 的时候，舌尖一直放在那个位置，不要离开，因为我们要堵住嘴。另外，注意开口度要小点。好的，下面练后鼻音吧。现在放松一下，然后张开嘴，用鼻子呼吸。

山　田：（正在按照老师说的做）……

李老师：现在嘴里都堵住了吗？

山　田：啊？我没做什么，嘴唇没合上，舌头也没动，怎么觉得嘴里不通了呢？

李老师：舌头的后部（舌根）把嘴堵住了。这个很难感觉到。但确实是这样。你拿着镜子看看，先张开嘴，然后把舌尖放在下面牙齿的后面，用嘴呼吸，虽然有点像小狗。然后，一直张着嘴，开始用鼻子呼吸，这个时候注意一下舌尖的位置，用鼻子呼吸的时候它马上向后缩了。

山　田：……舌尖真的向后缩了。

李老师：呵呵。好的，现在保持刚才的状态，就是打开嘴巴、用鼻子呼吸的状态。保证不能用嘴呼吸，保持这个嘴形，然后说“ん”。

山　田：ng，ng。

李老师：对。注意发后鼻音的时候一定张开嘴巴，张得大点。现在对比一下 n 和 ng。反复发几次，体会一下鼻子的感觉。

山　田：n，ng，n，ng……嗯，不一样。发 n 的时候，鼻子的振动感不强，发 ng 的时候振动感要强得多。

李老师：嗯，对。多练习几次吧，说得慢的时候能发对前鼻音和后鼻音，说得快点的时候就不一定能分清了。另外，发前鼻音和后鼻音的时候，脑子里不要想日语的“ん”，要不然嘴形会自动变成“ん”的形状，这是一种反射。这一点跟发 zhi、chi、shi、ri 中的 -i 的时候一样。现在做一下练习。

▶▶ 练习题　練習問題

打保龄球　ボーリング

想要全部打倒，只有一条路。按顺序读好所有的词，球才能沿着理想的路线走。经过大的点时，需要大点声读。为了提高学生的积极性，老师可以在练习之前播放保龄球场的背景音。

ストライクを取るコースは一つしかありません。順序に従って全ての単語を正しく発音すると、球はこの理想的なコースに沿って転がっていきます。大きな点を通るときは大きな声で発音してください。学生の積極性を高めるために、練習の前にボーリング場の録音を流すのもよいかもしれません。

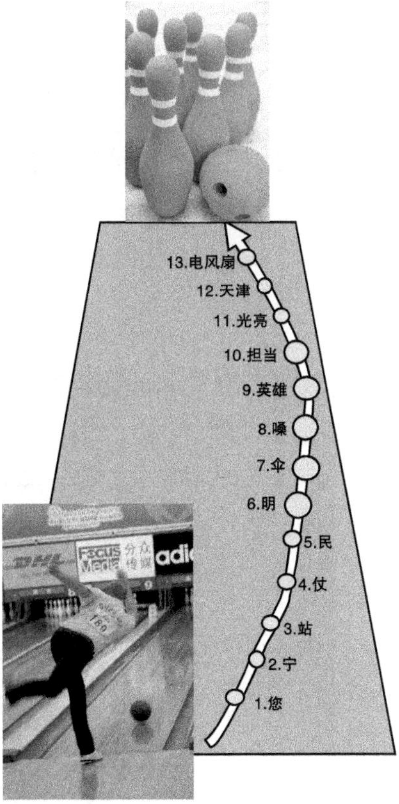

写写听课后的感受 授業の感想を書いてみましょう

▶▶ 课后讨论与思考 授業後の討論と考察

（一）为什么叫前鼻音、后鼻音？

どうして前鼻音、奥鼻音と呼ぶのでしょう。

（二）“南（nán）”里面的第一个 n 和第二个 n 的发音过程哪里不一样？

南（nán）の最初の n と二つ目の n は発音上どこが異なるでしょうか。

（三）日本学生在生活中，有没有因为混淆 * 了前鼻音和后鼻音，造成对方误会的现象？举例子说说。

日常生活において、日本人学生が前鼻音と奥鼻音の発音を間違えたことで、相手に誤解を与えてしまったということはありますか。例を挙げてください。

（四）中国哪些方言不区分前鼻音和后鼻音？举一个例子。

前鼻音と奥鼻音を区別しないのは中国のどの地域でしょうか。例を挙げてください。

（五）刚开始学汉语的留学生掌握的词很少，发音也有不少问题。但留学生之间用汉语交流起来比较顺利。有时教师都听不懂学生说什么，但学生之间却能听懂。这是为什么？

中国語の学習を始めたばかりの留学生は知っている単語の数が少なく、発音にも多くの問題を抱えています。しかし、留学生の間では中国語を使って比較的スムーズに交流をしているように見えます。先生が学生の言っていることがわからないときでも、他の学生は内容を理解している場合があります。これはどうしてでしょうか。

【资料】資料

（一）下面的方法可以让日本学生从汉字的日语读音角度分清鼻音的类型：

以下の方法を使えば、日本人学生は漢字の日本語読みから前鼻音か奥鼻音かを判断できます。

韵尾是鼻音的汉字记为X。X的日语读音的最后一个音是“ん”，那么X的汉语读音是前鼻音（例如，“南”的日语读音是“なん”，汉语读音是 nán）；X的日语读音的最后一个音是“い”或“う”，那么X的汉语读音是后鼻音（例如，“东”的日语读音是“とう”，汉语读音是 dōng）。

韻尾が鼻音の漢字をXとします。Xの日本語読みの最後の音が「ん」ならば、Xの中国語の読みは前鼻音です（例:「南」の日本語読みは「なん」、中国語の読みは nán)。Xの日本語の読みの最後の音が「い」または「う」ならば、Xの中国語の読みは奥鼻音です（例:「东」の日本語読みは「とう」で、中国語読みは dōng)。

（二）教前鼻音还可以用“咬舌”法，这种方法不需要讲鼻音的发音原理：

前鼻音を教えるときに「舌噛み法」が使えます。この方法だと鼻音の発声原理を教える必要がありません。

老师先做发音示范，让学生听清 an 与 ang 的不同。当学生能分辨出 an 和 ang 的不同，但还不能准确地发出 an 时，可让学生把舌头前伸，放在上、下齿之间。先练习咬舌尖，然后示范发 an，边示范边指示学生看老师的发音方法。步骤是：张嘴，发音，结束时上下齿轻轻咬住舌尖，便能发出 an。多次反复后，舌头便能前伸顶住上齿背，发出正确的an来。（摘自《汉语课堂教学技巧》，崔永华、杨寄洲主编，北京语言大学出版社，2002 年，第 17 页）

教師はまず例を発音し、学生に an と ang の違いについて聞き分けてもらいます。二つの音の違いを聞き分けられるが、an の発音が正しくできない場合、学生に舌を伸ばしてもらい、舌先を上下の歯の間に置いてもらいます。そして舌先を噛む練習をします。そして学生に先生の an の発音の方法を見せます。ステップは以下の通りです：まず口を開いて、発音し、発音の最後に上下の歯で舌先を噛みます。これで an の音が発音できます。何度も練習し、最後舌先を上の歯の後ろあたりに置くようにすることで an が正しく発音できるようになります。

八、怎样教变调

变調の教え方

▶▶ 课前准备　授業前の準備

(一) 基本知识　基本知識

汉语的三声的变调情况是:(1)"三声+三声"变成"二声+三声";(2)"三声+非三声"变成"半三声+非三声"。另外，汉字"一"、"不"的变调比较特殊:"一"单念时读一声，在四声之前变成二声，在非四声之前变成四声;"不"在四声之前变成二声，在非四声之前或单念时读四声。

中国語の三声の変調規則は以下の通りです：(1)「三声＋三声」は「二声＋三声」に変化する (2)「三声＋非三声」は「半三声＋非三声」に変化する。また、「一」と「不」は以下のように特殊な変調をします：「一」は単独の時には一声、四声の前の時には二声、非四声の前の時には四声で発音します。「不」は四声の前で二声、非四声の前では四声で発音します。

(二) 课前思考　授業前の思考問題

搜集现代汉语教材中提到的所有类型的声调变化，试着将它们分成"应该教"和"可以不教"两类。

現代漢語の教材の中に記載されている全ての声調変化を収集して、それらを「教えるべき内容」「教える必要のない内容」に分類してください。

课堂教学　教室での授業

李老师：来中国大概一个星期了，想不想家？

山　田：现在还不想。偶尔和家里通通电话。我在这边有了很多朋友。学习累时，可以跟他们聊聊天，发发短信。

李老师：嗯。学习虽然很重要，但也需要跟朋友交往，总是一个人生活的话容易想家，适当地跟别人交流对学习也是有好处的。你可以跟老师们交流，我们是很愿意跟你们沟通的。

山　田：谢谢！

……

李老师：从“一”到“四”，你最喜欢哪个数字？

山　田：以前比较喜欢“三”，但后来不喜欢了，“三”容易让我想起三声。虽然通过以前的课对三声的印象好转了，但三声还会变调，太复杂……我还是选“一”吧。

李老师：很多学生都是这样。汉语的三声给不少学生造成了阴影*。但我相信通过这次的学习，你不会对三声那么恐惧*了。（李老师在黑板上写出下面的内容）

我　我爸　我妈　我姐　我朋友

李老师：开头的“我”是三声，你读一下，注意“我”的发音。

山　田：（读黑板上的内容）……有三种“我”：第一个“我”是三声，但第二个、第三个和第五个“我”是半三声，第四个“我”读二声。

李老师：对，如果“我”换成“你”，“你”也发生同样的变化。单独读的时候读三声；后面是一声、二声、四声的时候，读半三声；后面是三声的时候（三声相连），读二声。其实，这个规则很

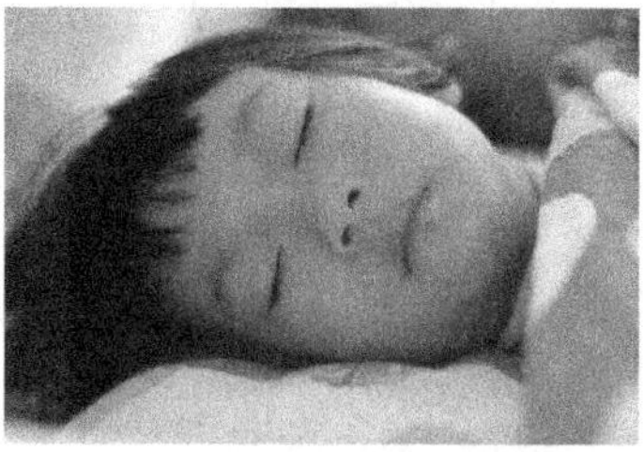

好理解。你听听这句话：小李每天晚上躺在床上数羊。（李老师先按原调读三声，然后按三声变调规则读）你觉得哪种读法听起来舒服？

山　田：当然是后者了，第一种听起来太不流畅了，像机器人说汉语似的。

李老师：对，如果这么理解就容易记住了：三声＋一声、三声＋二声、三声＋三声、三声＋四声，按原调读的话不太舒服，所以三声要变调。至于怎么变化呢，你可以这样记：后面的音是一、二、四声的时候，三声变成三声原声调的前半部分（半三声）；后面的音是三声的时候，先变成半三声，然后变成二声。至于为什么全三声都变成半三声，你可以认为是读起来不舒服。

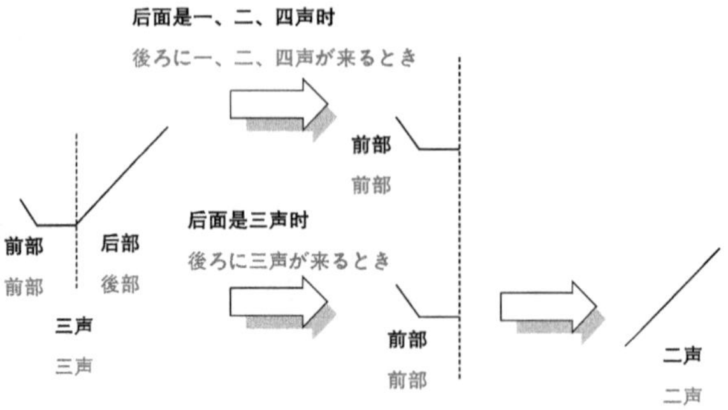

山　田：但半三声变成二声的情况，不好理解。

李老师：你可以这样想，半三声一直是低的，好像潜水*一样，头和整个身体都在水底，感到很闷*。这个能想象得到吧？

山　田：嗯。我读半三声的时候也有这样的感觉。

李老师：读一声、二声、四声的时候，声调都不是一直保持在很低的位置，都有高的地方。把高的地方当作一个呼吸处。

山　田：读声调的高音部分确实有种释放的感觉。

李老师：好。那么想："半三声+(一声、二声、四声)"里，为什么半三声不变成二声，那是因为后面有呼吸处，读半三声可以忍着。但是，"半三声＋三声"的组合里，一直是潜水的状态，受不了了，总得要呼吸，要么第一个字的音变调，要么第二个字的音变化。在汉语普通话里是第一个字变，变成二声，这样读第一个字时就可以好好呼吸，为下一次“潜水”做好准备。

山　田：半三声是潜水，容易理解。75%的情况下，三声变成半三声。万一忘记了上面的规则，把三声读成半三声就可以了，这样猜对的概率很高。

李老师：“三声＋三声”时，你把第一个三声读成半三声，对方一般也能听懂，虽然有点别扭*。可以说，你这种下赌注*的方法还是比较有效的。

山　田：哦，是这样啊。三声受到后面声调的影响而变化，那么其他声调会不会也因为受到后面声调的影响而发生变化呢？

李老师：这个问题问得好。比如一声的“一”字、四声的“不”字都会受到后面声调的影响而变化，但不同的是，不是所有的一声和四声字都发生这样的变化，这点跟三声不一样。

山　田：二声最稳定，不受后面声调的影响；一声和四声，也比较稳定，只是其中一部分字容易受到后面声调的影响；三声很容易受到影响，是最不稳定的。

李老师：嗯。大体上是这样的。其实，我们这些母语是汉语的人也觉得三声发起来最费劲。所以你可以这样想：大家不想说话太费劲，为了说话的时候省些力气，就调整一下三声，结果三声就成了变化最多的声调了。现在完成下面的练习。

练习题　練習問題

打太极拳　太極拳

读好上面的单词等于完成相应的动作。为了提高学生的积极性，老师可以在练习之前播放太极拳相关音乐。

各動作の上に表示されている単語を正しく読むことは対応する太極拳の動作を正しく行うことを意味します。学生のモチベーションを高めるために、最初に太極拳に関連する音楽を流すといいかもしれません。

1.你好

2.打鼓

3.小鸟

4.雨伞

5.举手

6.口齿

7.对不起

8.是不是

9.一百

10.不一定

11.一心一意

12.不离不弃

写写听课后的感受　授業の感想を書いてみましょう

课后讨论与思考　授業後の討論と考察

（一）除了三声连读以外，两个字相连时，也会出现一定的声调变化。查看现代汉语教材，归纳一下声调变化的规则。

三声以外の声調が連続した場合でも、ある程度声調の変化が起こります。現代漢語の本を調べて、そのような変化の規則をまとめてください。

（二）日本学生在生活中，有没有因为声调发错而造成对方误会的现象？举例子说说。

日常生活において、日本人学生が声調の発音を間違えたことで、相手に誤解を与えてしまったということはありますか。例を挙げてください。

（三）三声连读时第一个音节要读成二声。和中国语伴对话时，尝试一下三声连读而不变调的读法，然后观察对方的反应，看看母语者是否能听懂。

三声が続くと一つ目の三声が二声で発音されます。母語者と話すときにこの変化をしないようにしてみてください。母語者は内容を理解できるでしょうか。

（四）给日本学生听一首简单的中国歌曲，看看他们能不能判断出歌词的声调。

日本人学生に簡単な中国語の歌を聞かせてみてください。声調をきちんと判断できるでしょうか。

（五）日本学生上课遇到不懂的词时，教师只告诉他们读音和意义是不够的，他们还需要知道怎么写。欧美学生不一定有这样的需要。想想这是为什么。

日本人学生が知らない単語に出会ったとき、先生はその単語の読み方と意味を教えるだけではなく、字形も教える必要があります。欧米の学生は必ずしもこのようなことは要求しません。どうしてか考えてみてください。

九、怎样教轻声

軽声の教え方

课前准备　授業前の準備

（一）基本知识　基本知識

有些音读得短而弱，结果失去原来的声调，这样的音叫作轻声。由于读得短而弱，音色也会发生变化。

短く弱く発音され、結果的に本来の声調を失った音を軽声と言います。短く弱く発音するため、音質も変化します。

（二）课前思考　授業前の思考問題

轻声音高的高低取决于它前面音节的声调。一般来说，三声后面的轻声最高，一声、二声后面的轻声低点，四声之后的轻声最低。这些内容需要教给学生吗？

軽声のピッチの高低は一つ前の音節の声調に依存します。普通、三声の後に来る軽声のピッチが最も高く、一声、二声の後の軽声はやや低めで、四声の後の軽声は最も低くなります。このような内容を学生に教える必要はあるでしょうか。

课堂教学　教室での授業

山　田：我现在跟日语系的中国学生互相学习。但每次都觉得他练习日语的机会多，而我练习汉语的机会少，因为我汉语说得很慢。我觉得自己有点吃亏。

李老师：他是大几的学生呢？

山　田：大四。他日语挺好的。

李老师：哦，这是常常发生的事情。谁的外语好谁说得多。每次学习你们有没有分配好时间呢？

山　田：分好了，前半小时是汉语，后半小时是日语。但我听不懂他的话时，他会用日语再讲一遍。在其他场合见到他的时候，他也总是跟我说日语。总感觉他说得比我多。

李老师：嗯，他也是学外语的，想多说是很正常的。其实，你可以找大二的学生，大二学生的日语水平和你的汉语水平差不多，这样就能避免你遇到的这种情况。既然你已经找了大四的学生，你可以跟他商量一下，上课的时候，前一半完全用汉语。

……

李老师：我喜欢“轻声”这个名称，因为一看就知道这个音会读得很轻。比一声、二声、三声、四声这样的名称更容易理解。好的，现在开始讲轻声。先读一下“他”字，声调是一声。

山　田：“tā—”。

李老师：发得再短点儿。

山　田：“tā-”。

李老师：再短点。

山　田："tā"。

李老师：再短点。

山　田：……

李老师：怎么不出声了？

山　田：因为时间太短，嘴只能动一下，没时间出声。

李老师：哦，那再长点。

山　田："•他"（•表示轻声）。

李老师：差不多了。不过轻声不能单独出现。刚才的练习主要是让你体会发轻声的感觉。

山　田：我感觉叫"短轻声"（既短又轻）比较好。发得这么短，一声的声调基本上没有了，而且ta中的a音也有些变化。

李老师：对，这种发音变短的现象在汉语中经常出现，变短了的音叫轻声。有的同学太想保持原来的音，所以轻声读得不够短。关键是"短"和"轻"。

山　田：知道了。我觉得很有意思，希望汉语中的很多字都变成轻声，这样符合我们的习惯，读起来很轻松。比如，"咖•啡"、"茅•台"、"粉•笔"、"电•视"等等。

李老师：不行不行！不能随便变成轻声。除了一部分词以外，读不读轻声都是要遵循一定的规则的。不过，一声、二声、三声、四声在不同的词里都可以变成轻声，这点你说得对。

山　田：如果随便都可以变成轻声，那该多好啊！真遗憾。

李老师：轻声是"普通话水平测试"的考查重点之一，母语者有时也不知道应不应该轻读。

山　田："普通话水平测试"是——？

李老师：日本学生可能不太了解，这是主要针对汉语母语者的考试，分为三个级别，每级又分为甲、乙两等。我们老师都考过，一般都是二级以上的，我是一级乙等。很少有一级甲等的，电台、电视台的主持人一般要求一级甲等。

山　田：老师厉害啊。那我们也可以考吗？呵呵，以我现在的汉语水平还想参加普通话考试，是不是有点自不量力*呀？

李老师：应该可以考。过去也有外国学生考过。如果你现在想考的话，也许能得到三级甲等哟。得二级会有点困难。对你来说，我觉得参加这种考试意义不是很大，你们好好考 HSK 就可以了。好了，考试的事情就说到这。现在继续讲课。有些同学容易把轻声读成一声或者四声，比如，"喜欢"的"欢"，容易跟一声混淆，轻声比一声低，而且短；"笑话"的"话"，变成轻声以后容易跟四声混淆，注意轻声要读得很短。如果轻声发得不准确，可能会造成误会：

（在市场）

客人：这条牛仔裤很好啊，多少钱？

卖主：200 元。

客人：……（想要离开的样子）

卖主：等一下！那你想多少钱买吧。

客人：一百吧。

卖主：180？可以！

客人：啊……

呵呵。刚才的故事不是编的，是一个留学生的真实经历。这个“吧（•ba）”是轻声，如果发得不准确，对方听到的是“一百八（bā）”，这样客人的损失会很大。

山　田：老师您也有这样的经历吗？

李老师：我吧……，我想想……

山　田：听起来，有点像“我爸”。

李老师：看来你的听力还要练习。呵呵。可以对比一下轻声和非轻声的情况：喜欢（第二个音节读一声）—喜欢（第二个音节读轻声），笑话（第二个音节读四声）—笑话（第二个音节读轻声）。分辨一下一声、四声和轻声的区别。现在完成下面的练习。

▶▶ 练习题　練習問題

吃糖葫芦　糖葫芦（タンフール）を食べる

顺序是从顶端依次进行，读准一个词等于吃掉一颗糖葫芦。

糖葫芦（タンフール）を食べます。先から順番に食べて行ってください。正しく発音することはその部分を食べることを意味します。

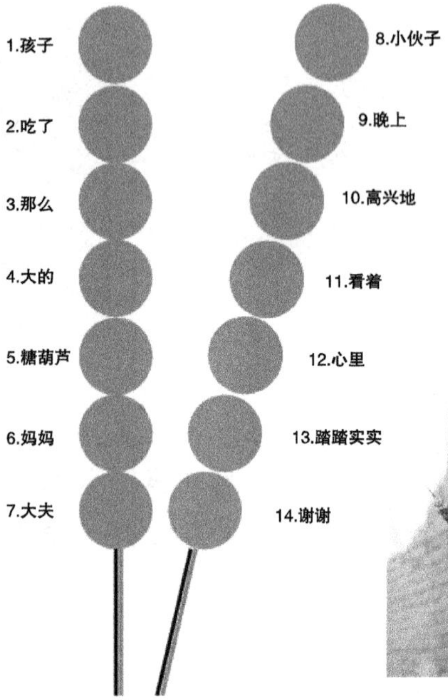

写写听课后的感受　授業の感想を書いてみましょう

课后讨论与思考　授業後の討論と考察

（一）有的词是必须读轻声的（比如“房子”），有的词是可以读轻声也可以不读的（比如“因为”）。查一下词典，看看词典里用什么样的方法来标记这两种轻声词。

ある単語は必ず軽声で読まないといけません（例えば「房子」）。またある単語は軽声で読んでも読まなくてもかまいません（例えば「因为」）。辞書ではどのような方法でこれらの単語を区別しているでしょうか。

（二）“这个‘的’字和这个‘着’字读轻声”。如果你读这句话，其中的“的”和“着”读轻声吗？观察一下中国的教师是怎么读的。

『这个「的」字和这个「着」字读轻声』という文を読むとき、「的」と「着」は軽声で読みますか？中国人の先生がどのように読むか確認してください。

（三）日本学生在生活中，有没有因为轻声发音不准确而造成对方误会的现象？举例子说说。

日常生活において、日本人学生が軽声の発音を間違えたことで、相手に誤解を与えてしまったということはありますか。例を挙げてください。

（四）在和中国语伴对话时，试着将大量双音节词的第二个音节都读成轻声，看看母语者是否能听懂。

母語者と話すときに、ほとんどの二音節の単語の第二音節を軽声で読んでみてください。母語者はきちんと内容を理解できるでしょうか。

（五）汉语教师与日本学生交流时，在一些可以轻读也可以不轻读的音节的使用上，尽量采用非轻读的形式，这样能不能提高学生的理解程度？

中国語の教師が日本人学生と会話するとき、軽声で読んでも読まなくてもよい単語を、できるだけ非軽声で読むようにすると、学生の会話への理解度は高まるでしょうか。

（六）如果汉语教师熟悉日语语音的话，对教日本学生汉语语音有什么好处？

中国語の教師が日本語の音声学に通じていると、日本人学生に教えるときにどのようなメリットがあるでしょうか。

十、怎样教儿化音

r化の教え方

▶▶ 课前准备　授業前の準備

（一）基本知识　基本知識

“花儿”的“儿”和“婴儿”的“儿”是不同的，前者的“儿”不成音节，后者的“儿”可以自成音节。像前者这种在音节末尾附加上卷舌动作的现象，叫“儿化”。

「花儿」の「儿」と「婴儿」の「儿」は異なります。前者の「儿」は音節を形成せず、後者は音節を形成します。前者のように音節の末尾に巻舌の動作が加わる現象を「r化」と言います。

（二）课前思考　授業前の思考問題

汉语里几乎所有的韵母都可以儿化，由于儿化时韵母要加上一个卷舌动作，所以韵母要发生一些变化。这些变化有什么规律？

中国語のほとんどの韻母はr化できます。r化のときに巻舌の動作が加わるため、韻母にも変化が起こります。このような変化にはどのような規則があるでしょうか。

▶▶ 课堂教学　教室での授業

李老师：你听中国歌曲吗？

山　田：很少听。唱歌跟说话不一样，很难听懂歌词。

李老师：（微笑着）我建议你还是听听比较好，可以提高听力的。虽然没有做过统计，但是我感觉爱听中国歌曲的同学的汉语听力水平比不爱听歌的同学高一些。听不懂的话，可以看看歌词。

山　田：那我也听听吧。先听邓丽君（Teresa Teng）的歌曲吧。

李老师：好，从《甜蜜蜜》开始吧。这样的经典老歌，歌词唱得比较清楚，而且女歌手的发音通常也比较清晰。

山　田：还有，我觉得汉语歌曲每句歌词最后的部分经常重复。

李老师：哦，你说的是押韵吧。在日语的流行歌曲中这种现象可能不常见。

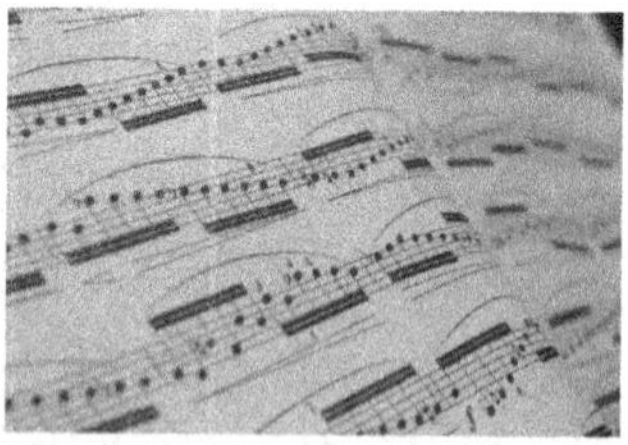

……

李老师：大部分日本学生儿化音掌握得不是很好。针对高级水平日本学生的儿化音听辨能力，我做过一次调查，儿化音和非儿化音放在一起播放，让学生判断是否是儿化音，结果他们的错误很多。其实，不仅听的方面有问题，说的方面问题也很大。

山　田：是的。跟中国同学聊天的时候，我有时完全听不懂。对方慢慢地再重复一遍，我才知道原来是这么简单的话。因为某些音儿化之后变化很大，所以开始我听不懂。比如有一次，我听到别人的对话，一方说："买了小熊儿玩具。""熊"儿化以后跟原来的音差别很大，我就完全听不懂了。用成语说，就是迥然＊不同了。这点跟轻声不一样。

李老师：对，儿化不仅是对听力有影响，在发音上也有难度。很多学生只会常用词的儿化，其他的儿化都不会，就采用回避的方式。

山　田：是的。我就是这样，经常回避一些东西，不仅仅是发音，用词也是这样。比如“宁可”，这个词我不太明白，所以就尽量不用。

李老师：嗯。但我们不能总回避。儿化音发不好，主要有两个原因：第一是没掌握好儿化音的发音方法，第二是没掌握好儿化音带来的音变规则。

山　田：我想先问一下，如果应该儿化的词不儿化的话，对方听不懂吗？我前几天在小超市买东西，我问有没有瓜子，服务员听不懂，所以我又大声地慢慢地说了一遍，她才反应过来。她说：“我们平时都说瓜子儿，说瓜子有点反应不过来呢。”

李老师：这种情况是有的。不过有时候不儿化也能听懂，比如台湾人很少儿化，他们说“小孩”，大陆的人也能听懂。好的，我们开始练儿化音吧。你还记得 er 的发音吧？

山　田：记得，舌头往上抬的元音。

李老师：对。跟发 er 的时候一样，某音 X 的儿化就是边发 X 边把舌尖抬起，这是一个动的过程，一定记住不是发完 X 之后再卷舌。你会发 er，所以发儿化音应该没有问题。看看下面的音能不能儿化。

第一类 タイプ1	第二类 タイプ2
ɑ（花 huā）	i（几 jī）
o（包 bāo）	ü（盂 yú）
e（歌 gē）	n（圆 yuán）
u（猴 hóu）	ng（黄 huáng）

先发一下第一类音的儿化音。

山　田：huār，bāor，gēr，hóur。这个比较简单。

李老师：儿化以后，原来的音都会变化，所以不用特意保持原来的音。如果一定要保持原来的音，那么你发出的音就像“婴儿”一样变成“X+儿”两个音节了，这就不对了。如果觉得不好发，你可以试着慢点，这样比较容易体会儿化的感觉。现在发第二类的儿化音吧。

山　田：i—ier，an—aner……都发不出来。

李老师：其实，对第二类进行儿化需要一些技巧，要么删掉阻碍儿化的音，要么插入一个音，然后再儿化。

山　田：我明白了，老师儿（lǎoshīr）。

李老师：不能随便儿化，像你刚才说的“老师”这个词，就不能儿化。虽然儿化的方法是对的，但跟轻声一样，是否儿化还是要遵循一定的规则。哪些词必须儿化，哪些词可以儿化，词典上都会标明的。现在做做下面的练习。

练习题　練習問題

潜水　ダイビング

经过大圆点时需要大声读。别忘了最后还得返回。为了提高学生的积极性，老师可以在练习之前播放海浪的声音。

大きな点を通るときは大きな声で発音してください。ゴールに着いたら水面まで戻ってくるのを忘れないようにしてください。学生のモチベーションを高めるために、初めに波の音の録音を流すのもよいかもしれません。

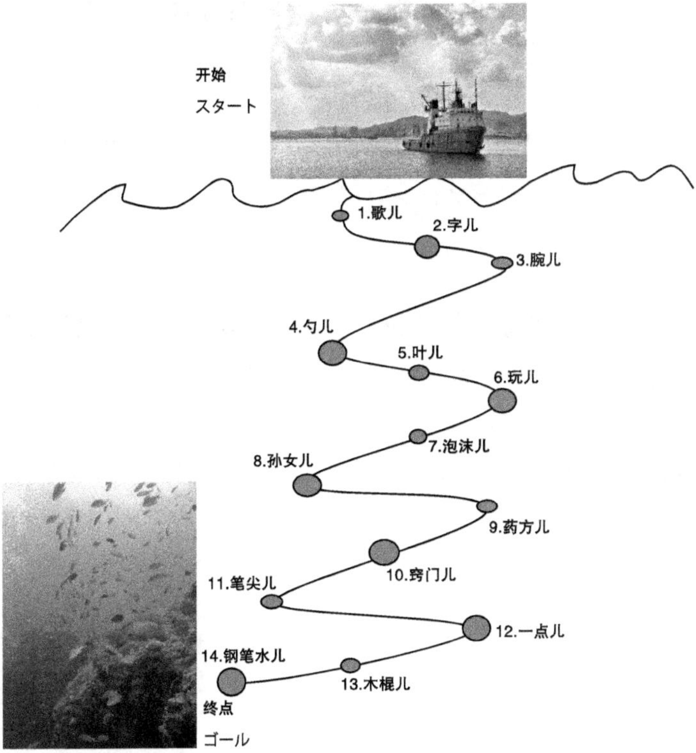

写写听课后的感受　授業の感想を書いてみましょう

▶▶ 课后讨论与思考　授業後の討論と考察

（一）有的词是必须儿化的（比如“小孩儿”），有的词是可以儿化也可以不儿化的（比如“米粒”）。查词典看看，词典里用什么方法来标记这两种儿化词。

一部の単語は必ず r 化して読まないといけません（例えば「小孩儿」）。また一部の単語は r 化して読んでも読まなくてもかまいません（例えば「米粒」）。辞書ではどのような方法でこれらの単語を区別しているでしょうか。

（二）“盖儿”、“盘儿”的拼音分别是 gàir、pánr。我们读这些词的时候，gàir 的 i、pánr 的 n 脱落，拼写儿化时，为什么不删掉读音中脱落了的 i 和 n？

「盖儿」と「盘儿」のピンインはそれぞれ gàir、pánr。これらの単語を読むとき、gàir は i が、pánr は n がそれぞれ発音されません。ピンインで書くとき、なぜこの i と n を削除しないのでしょうか。

（三）和中国人交谈时，如果不该儿化的词也儿化，母语者会有什么样的反应？试试看。

母語者と交流するときに、r化しない単語も好きなようにr化して発音すると、相手はどのような反応をするでしょうか。試してみてください。

（四）汉语教师跟日本学生说话时，适当地把儿化的词变成非儿化，这样能不能提高日本学生的理解程度?

中国語教師が日本人学生と会話するとき、r化で読んでも読まなくてもよい単語を、できるだけ非r化で読むようにすると、日本人学生の会話への理解度は高まるでしょうか。

【资料】資料

《面对着生活微笑》（言也，世界图书出版社，2012年）是一部小说，书中将北京话口语中的儿化词都标注了“儿”字。需要注意的是北京话中使用的儿化词比普通话多。

小説『面対着生活微笑』（言也、世界図書出版社、2012年）では、北京方言でr化される単語に全て「儿」が付けられています。北京方言でr化される単語は標準語よりも多いので注意して下さい。

十一、最后十分钟

最後の十分間

李老师：……好的，我们的课就到这吧。为期十天的学习生活也快结束了。你们明天就回国吗？

山　田：是的，明天早晨5点离开学校去机场。

李老师：哦，那明天早上我去宿舍送送你们吧。

山　田：谢谢老师，不用麻烦老师，我们会不好意思的。

李老师：（笑着说）没关系。这是我们学校的传统。每一位留学生走的时候，我们老师都会送一送。

山　田：这样啊。那不好意思了。

李老师：没事。对了，这段时间你觉得有没有收获？

山　田：我觉得进步了不少。听力课的张老师跟我说，我发音清楚多了。很感谢您。不过，我说得快的时候，有些音还是会发错，比如ji、qi、xi和zhi、chi、shi、ri。

李老师：这个没关系。慢慢来。你现在懂原理了，下面要做的就是不断模仿，反复练习。你看过中央电视台的《新闻联播》吧？

山　田：看过。不过那个节目难度太大。我一般看 CCTV 新闻台的新闻节目。

李老师：嗯。你看新闻时有没有发现主持人读错的情况？

山　田：没发现。

李老师：其实，主持人偶尔也会读错的。《新闻联播》里的那些主持人都是说普通话的权威，但他们都不能保证百分之百读对。你们偶尔发错音又有什么关系呢？毕竟你们是外国学生。

山　田：谢谢您的鼓励！

李老师：回去之后，你得坚持学习汉语啊。很多学生回去后很少接触汉语，慢慢就都忘了。现在网络这么发达，看新闻，看电影，都很方便。你每天抽出点时间看看。也可以看看孔子学院的官方网站，那里有不少汉语学习资源。

山　田：我一定会的。不会重蹈别人的覆辙 *。

李老师：好。还有，你知道“汉语桥”比赛吧？到目前为止已经是第十一届了。日本学生的表现还不错，曾经有人获得过一等奖。但是最近几年，从第七届开始，日本学生取得的名次不是很好。我想，下一届你可以参加参加试试。

山　田：我不行吧？“汉语桥”看的不仅是汉语能力，还需要很强的表演能力……

李老师：哦，是吗？但我看好你。你可以试试。对了，我喜欢看“两会”新闻，会议结束后都有新闻发布会。偶尔有日本报社的记者用汉语提问。我想你再努力一些的话，汉语水平一定可以超过那些记者。要不以后你也当中文记者？呵呵。

山　田：这个想都没想过。虽然很难，但也可以考虑一下。

李老师：我教过不少日本学生，很多人说学习汉语之后，学英语也更有信心了。

山　田：这个我也有同感。我想过，对我们日本学生来说，学外语可以先从汉语开始，因为汉语的语法简单（动词和形容词没有形态变化），背单词不太费劲（一般的汉字都会写，只需要背读音），作为日本学生的第一外语，我觉得汉语比较合适。

李老师：我知道很多人对学习外语有点恐惧。先学习一门适合自己的外语，可以提高我们学习外语的信心，也便于我们掌握学习外语的方法，然后再学习第二门外语的时候就轻松多了。对了，最后说一下，你努力使用成语的想法不错，但使用成语得注意场合、用法，不是那么简单的。很多留学生成语用得不是很好。以后用成语的时候你得多多注意，多观察中国人是怎么用的。哦，时间不早了，你还要收拾东西吧？

山　田：是的，我得去书店给日本的同学买几本新版的《现代汉语词典》，在日本买会很贵的。老师，明天早上见！

李老师：明天见！

课堂游戏的介绍

授業用ゲームの紹介

课堂上适当地做游戏可以提高教学效果。这里介绍一些“一对多”语音教学时可以使用的游戏。

授業でゲームを上手に取り入れることで学習効果を高めることができます。ここでは「一対多」形式の授業で使えるゲームを紹介します。

（一）声调举手游戏　声調挙手ゲーム

老师发一个音，如果是一声，学生的双手保持不动；二声，学生举左手；三声，学生放下左手，同时举起右手；四声，学生双手放下或举起；如果不是汉语的声调（不标准的发音），学生保持当前的状态。如果学生已经举起左手时，老师又发了二声，学生要保持当前的状态。依此类推 *。判断失误的学生出局，最后留下来的学生得冠军。开始时老师语速慢点，等学生习惯了，就可以适当加速。玩游戏时，最好让学生闭上眼睛，避免学生相互模仿。

先生がある音節を発音し、もしそれが一声なら、学生は両手を挙げます。もし二声なら学生は左手を挙げ、三声なら左手を下げると同時に右手を挙げます。四声なら両手を下げます。もし中国語の声調でない場合（正しい発音でない場合)、学生は現状を維持します。学生がすでに左手を挙げているときに、先生が二声を発音したら、学生は現状を維持します。以下同様です。判断を間違えた学生は失格となり、最後に残った学生が優勝と

なります。最初、先生はゆっくりと発音し、学生が慣れてきたら少しずつ速度を上げてください。ゲーム中、学生がお互いに模倣できないように、できれば学生に目を閉じてもらってください。

（二）声调“超级玛丽” 声調スーパーマリオ

通过声调操作玛丽，一声、二声、三声、四声分别代表：“前进”、“爬上坡 *”、“跳过坑 *” 和 “从高处滑 * 下去”。老师先在黑板上画出图案（见下图）。学生看图中的地形发出一个音（音节的声母和韵母固定，比如 ma），如果学生发的声调标准，老师让玛丽向前一步；否则，老师让玛丽退后一步。玩游戏之前先分组（每组四五个人），组里每个人轮着发声调。最后到目的地时，退后次数最少的组获得第一名。

声調を使ってマリオを操作します。一声、二声、三声、四声はそれぞれ「前進」、「坂を上る」、「穴を飛び越える」、「坂を下る」動作に対応します。先生は黒板に以下のような図を描きます。学生は図の地形に合わせて発音します（音節の声母と韻母は固定します。例えばma）。学生が正しく声調を発音したら、先生はマリオを前に進めます。正しく発音できない場合は、マリオを一歩後退させます。ゲームの前にグループ分けを行い（各グループ4，5人）、グループのメンバーが順番に発音します。マリオがゴールに到着したときに、マリオの後退の回数が一番少なかったグループが優勝となります。

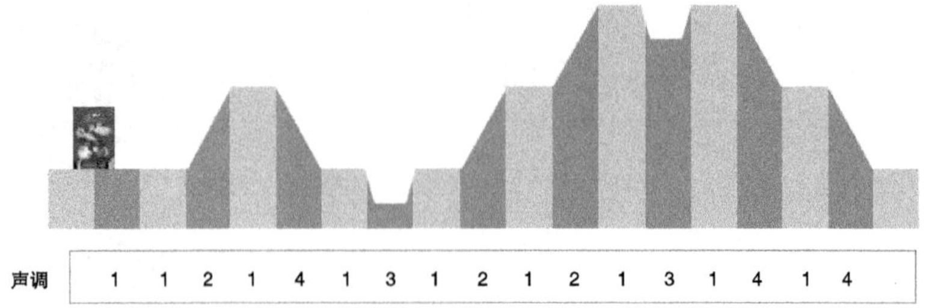

(三)送气、不送气传话　有気、無気伝言ゲーム

首先将学生分为四组，站成四列。除每列第一名同学以外，其他同学均背对老师站好。老师将写好辅音“b、p、t、d”的四张卡片*，分别拿给四名排头*的同学看，排头同学需要思考一个含有这个辅音的字，然后敲一下第二名同学的后背。排头的同学将自己想到的字以悄悄话*的方式念给第二名同学，第二名同学听到读音后，判断该字的声母是哪个辅音，并用这个辅音组成不同于排头同学的字，以同样的方法传递给第三名同学，然后再将自己所说的字音写在一张纸上，依此类推。

最初に学生を四チームに分け、四列に並んでもらいます。各列の先頭の学生以外はすべて先生に背を向けて立ちます。先生は「b、p、t、d」がそれぞれ一つ書かれた四枚のカードを準備し、それを各列の先頭の学生に見せます。先頭の学生はカードを見て、その子音を含む字を連想します。そして、次の学生の肩をたたき、その字の読みをひそひそ話のように小さい声で伝えます。それを聞いた学生はその音の子音が何かを判断し、紙に記録します。そしてその子音を使って別の字を連想し、次の人に小声で伝えます。自分が伝えた字は紙に記録します。以下同様です。

游戏示范如下：以下はゲームの例です。

……播（bō）→蹦（bèng）→笔（bǐ）→冰（bīng）→……

最后，每组都将“辅音”传递给最后一名同学后，将由老师公布获胜小组，即排头和排尾同学所说的字音的辅音相同，且传递速度最快的小组。失败的小组，则由组员展示写着自己所发音节的纸条，就知道在哪个环节出现失误了。

各チームが「子音」を最後の学生まで伝え終わったあと、最後まで正しく子音を伝えた組の中でスピードが一番速かった組が優勝です。伝え間違いが起こった組は、各メンバーが記録した紙を見ることで、どこで伝え間違いが起こったか確認できます。

（四）卷舌音和舌面音绕口令　そり舌音と舌面音の早口言葉

三人一组，三个人分别负责一个绕口令，准备时间过后，由每组成员分别朗读绕口令，并由老师记录发音错误，错误最少的组是冠军。注意，针对中国人的绕口令不一定适合留学生。

三人一チームになって、各チームのそれぞれが異なる早口言葉を担当します。準備が終わったあと、各メンバーは自分が担当する早口言葉を発音し、先生が間違いを記録します。一番間違いが少ない組が優勝です。中国人用に設計された早口言葉は必ずしも留学生に適しているとは限らないので注意してください。

入门级：入門レベル

1. 她是数学系的实习生。

2. 看电视剧喜欢喜剧式结局。

3. 电视播了世界杯的热身赛。

达人级： 達人レベル

1. 知己只积极集几只鸡及计几只鸡之趾（zh 和 j）。

2. 齐池妻持七尺奇器泣，齐池叱其妻，齐妻气，弃七尺奇器（ch 和 q）。

3. 西施市洗细石室使西喜市洗石席室实施洗细石实习计划（sh 和 x）。

(五) 鼻音接龙　鼻音しりとり

首先，老师说出一个汉字，如“大”，第一名同学需要组成一个以“da”音节开头的词（可以改变声调），且词中的一个汉字必须含有鼻韵尾，比如第一名同学组词“大象（xiàng）”，然后第二名同学组一个以“xiang”音开头的词，声调可以改变，由于此时“xiang”音已经含有鼻韵尾“ng”，所以其他的字可以不包含鼻韵尾，可以组成“想法（fǎ）”，此时第三名同学需要用“fa”开头组成一个含有鼻韵尾的词，如“发展（zhǎn）”，依此类推。如果在十秒钟内哪位同学没有成功接上，则宣布被淘汰 *。

まず先生は漢字を一つ読みます（例えば「大」）。一番目の学生は「da」が一番最初に来る単語を作ります（声調は変更してもかまいません）。同時にその単語は鼻韻尾を含むものでなければいけません。例えば、一番目の学生が「大象（xiàng）」なら、二番目の学生は「xiang」の音で始まる単語（xiang の声調は変更してもかまいません）を連想します。この場合、xiang がすでに鼻韻尾を含んでいるので、他の字は鼻韻尾を含まなくてもかまいません。例えば，「想法（fǎ）」とすることができます。三番目の学生は「fa」が最初に来て、同時に鼻韻尾を含む単語、例えば「発展（zhan）」を選択します。もし十秒以内に単語を連想できない場合はその学生は失格となります。

游戏示范如下：以下はしりとりの例です。

……健康→康复→复印→印书→书店→店铺……

（六）轻声抢座游戏　軽声椅子取りゲーム

把学生的座椅排成一个圆圈，椅子靠背朝内，座位朝外，椅子的数量是学生人数减一。学生们站在椅子周围，按顺时针方向围着椅子走。边走边仔细听老师的指令，老师说的词是非轻声词时，学生们要马上坐到自己附近的椅子上，判断慢的同学会抢不到座位，那么将被淘汰。当老师说的词是轻声词时，同学需要继续走，如果有人判断错误而坐下了，也会被淘汰。每进行完一个词，就减少一把椅子。最后留下的一名同学是冠军。

学生の椅子を円環状に並べます。椅子の背もたれを内側に、座る部分を外側にします。椅子の数は学生の数より一つ少なくしておきます。学生は椅子に沿って、時計回りに歩きます。歩きながら先生からの指令を注意して聴きます。先生が発音した単語の音が非軽声の時、学生は急いで自分の近くにある椅子に座ります。椅子に座れなかった学生は失格となります。先生が軽声の単語を発音した場合、学生はそのまま歩き続けます。このとき間違えて椅子に座ってしまった学生は失格となります。毎回椅子の数を一つずつ減らしていきます。最後まで残った学生が優勝となります。

（七）儿化听辨纸牌游戏　r化音聞き取りカルタ

准备若干张卡片，每张卡片上写一个汉字（不重复），将卡片正面朝上平铺在桌上。由老师读出一个儿化音，请同学们猜是哪张卡片上汉字的儿化音，猜到的同学马上拿起该张卡片。同学应该快速拿到相应的卡片，否则会被其他同学抢走。桌子上的卡片全被抢光时，游戏结束。最终谁拿到的卡片数量多，谁就获胜。

カードを何枚か用意し、各カードに漢字を一つずつ書きます（漢字は重複しないように選びます）。カードの字が書いてある面を表にして、机の上に並べます。先生がカードの漢字をｒ化して読み、学生はどの漢字のｒ化かを判断してそのカードを取ります。カードを取るときは、他の学生に取られないように素早く取るようにします。カードがなくなるまで行い、最後にカードを一番多く取った学生が優勝となります。

（八）拼音宾戈 * 游戏　ピンインビンゴゲーム

老师让学生准备一张纸，学生在纸上画出如下图那样的 5 × 5 的表格，学生在每个空格里面随便填写普通话的音节（可以参考附录《普通话声韵配合总表》），但填写时不要填同样的音节，也不写声调。学生准备好后，老师开始随便读一个音节（都是一声），学生看自己的表格，如果有同样的，用笔在那个格内画勾 *。重复这个过程，学生如果发现自己的表格里横向有连续五个勾，或者纵向有连续五个勾的时候，举手告诉老师："我宾戈了！"第一个跟老师说"宾戈"的人是冠军。

先生は各学生に一枚ずつ紙を用意させ、学生は紙に以下のような５×５のマスを書きます。学生は各マスに自由に音節を一つずつ書き込みます（付録の『普通語声韻配合総表』を参考にしてください)。ただし、同じ音節を重複して使ってはいけません。また声調は書きません。学生が準備ができたら、先生はランダムに音節を読んでいきます（声調はすべて一声)。学生は自分の表を見ながら、読まれた音節があったらそのマスにチェックマークをつけます。これを繰り返し行い、縦か横に五つ連続でチェックマークができたら、先生にビンゴになったことを伝えます。一番最初にビンゴになった人が優勝です。

宾戈！

zhang	si√	wang	pian	an
fa	yun√	feng	hui	san
ge	hua√	xiao	pi	gong
guo	qu√	ting	nie	bang
kun	lu√	dan	tu	kai

在课堂上玩完了游戏，教师按照下面的表格记录一下，作为下一次的参考。

ゲームが終わったあと、先生は以下の表に内容を記録します。次にゲームをするときの参考にするためです。

游戏记录表　ゲーム記録表

<table>
<tr><td colspan="2">游戏名：ゲーム名</td></tr>
<tr><td>日期：日時</td><td>班级：クラス</td></tr>
<tr><td>学生人数：学生の人数</td><td>男女比例：男女の比率</td></tr>
<tr><td colspan="2">课堂上进行游戏的时段以及所花的时间：授業のどの時間帯でゲームを行ったか、要した時間</td></tr>
<tr><td colspan="2">大家最快乐的时刻：学生はどんなとき最も楽しそうだったか</td></tr>
<tr><td colspan="2">问题：今後の課題</td></tr>
<tr><td colspan="2">玩游戏时的照片：ゲームを行っているときの写真
照片1 写真1　照片2 写真2　照片3 写真3　照片4 写真4</td></tr>
</table>

“课后讨论与思考”部分参考答案与提示

「授業後の討論と考察」の一部解答とヒント

一、怎样教发音器官　発声器官の教え方

（一）答案略。回答省略。

（二）本教材里的口腔内的图片都是二维的。如果想给学生提供三维立体的口腔形态时，用什么模型呢？可考虑下图这样的口腔模型。

本教材の中で使っている口腔のイラストは全て二次元のものです。もし学生に立体の口腔の形を見せたいとき、どのような模型を使うとよいでしょうか。例えば、以下のような口腔模型があります。

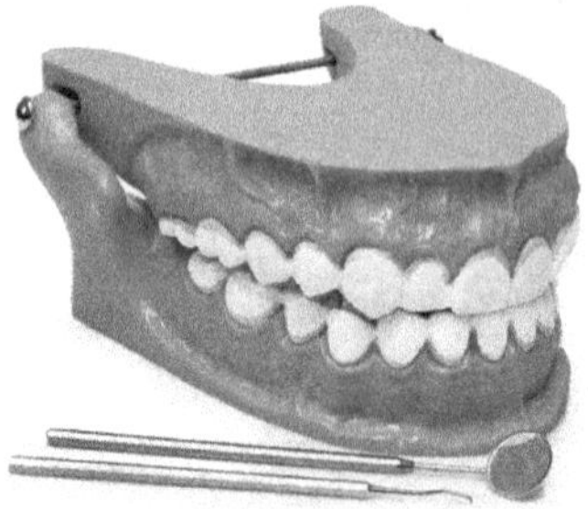

（三）响板、小手鼓、竖笛等。

カスタネット、タンバリン、リコーダー等。

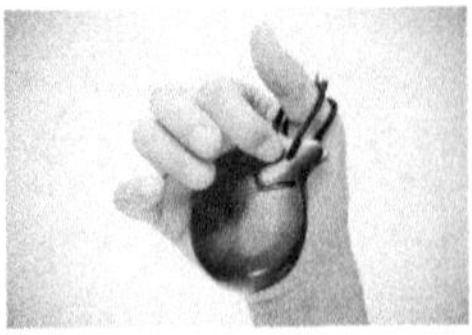

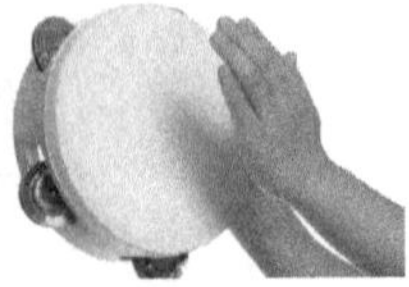

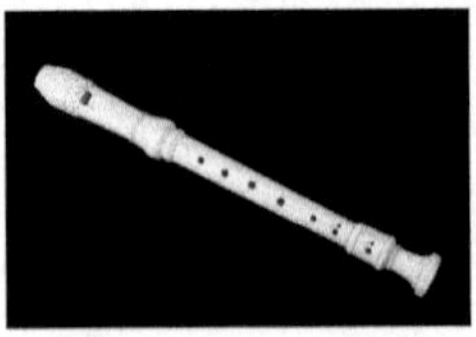

（四）哪些语言的语音研究最先进？比如英语语音研究的成果，对我们来说有参考价值。

一番音声研究の進んでいる言語はどれでしょうか。例えば、英語の音声の研究成果は私たちにとって非常に参考になるはずです。

（五）如果老师在黑板上写出日本首相的名字，学生肯定会说“知道”。日本人的名字的日语读音和汉语读音一般相差很远。所以不是学生不知道首相是谁，而是无法从汉语读音联系到首相的名字。

先生が黒板に日本の首相の名前を書くと、日本人学生は必ず「知っている」と答えます。日本人の名前は日本語読みと中国語読みとでは大きく異なります。学生は首相が誰かを知らないのではなくて、中国語の音から首相の名前が連想できないだけです。

二、怎样教声调　声調の教え方

（一）**答案略。**回答省略。

（二）日语感叹词对学生来说更为熟悉，更加自然，更容易发出正确的声调，而且便于记忆。不足之处是对音高情况的理论知识没有清晰的认识。如果和五度标记图结合起来使用，教学效果会更好。

日本語の感動詞は学生にとって身近なものですから、自然に、かつ簡単に声調を発音することができます。また、覚えやすいというメリットもあります。不足点としては、この方法ではピッチの理論的な内容について理解できないという点です。五度声調図と連携させれば、学習効果はもっと高まるかもしれません。

（三）教三声可以用“あ一あ（a-a）”（失望的意思）。

三声を教えるときに「あーあ（a-a）」(がっかりし

た感情を表す）を使うことができます

（四）答案略。回答省略。

（五）普通话中阴平、阳平、上声、去声就是一声、二声、三声、四声。阴平、阳平、上声、去声的名称和顺序是沿袭＊了传统音韵学的说法。现代汉语教材的使用对象是中国学生，沿用这些名称一方面可以看出历史演变的痕迹＊，同时还可以连贯各大方言区声调分类的系统。

標準語の阴平、阳平、上声、去声はそれぞれ一声、二声、三声、四声に対応します。阴平、阳平、上声、去声の名称と順序は音韻学の方法に従っています。現代漢語の教材の対象は中国人の学生です。阴平、阳平、上声、去声の呼び名は、音の歴史的な変遷を辿るのに便利ですし、方言間の関係を理解するのにも役立ちます。このため、現代漢語の本ではこの名称が使われています。

（六）看一下《语音学教程》（林焘、王理嘉，北京大学出版社，1992 年）第 125 页的五度标记图。

『语音学教程』(林焘、王理嘉，北京大学出版社，1992 年）の 125 ページの五度声調図を見てください。

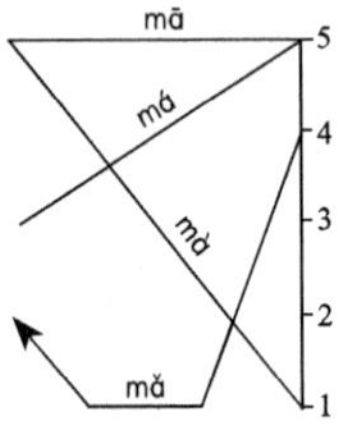

（七）日本学生比较容易学会的是四声。先将四声的起点降低一下试试。

日本人学生は四声を比較的容易に発音できます。四声の始まりの位置を下げて発音してみてください。

（八）是不是学生已经认识这些词（包括声调）？是不是不听录

音，也能写出准确的声调符号？如果纯粹想考声调听辨，应该换成什么难度的词比较好？学生并不是听懂了，而是记住了这些词的声调。

この学生はすでにこの単語（声調含む）を知っているのかもしれません。ですから録音を聴かなくても、正しい声調記号が書けるのでしょう。純粋に声調の聞き取り能力をテストしたい場合、比較的難易度の高い単語に変えた方がいいかもしれません。この学生は声調を耳で判断したのではなく、これらの単語の声調を覚えていただけです。

三、怎样教单韵母 単韻母の教え方

（一）发 er 时，e 表示发音时舌头的位置，r 表示卷舌动作。这时 e 表示最放松时舌头的位置（和 [ə] 的舌头状态一样），把舌头卷起来对着硬腭，就成了 er。用两个字母表示这个单韵母会更便于学生发音和记忆。

e は発音時の舌の位置を、r はそり舌の動作を表します。この e は最もリラックスしているときの舌の位置で（[ə] の舌の状態と同じ）、舌先を硬口蓋の方に上げていくと er の音になります。二つのアルファベットを用いて表すことで、発音するとき、また覚えるときに便利です。

（二）答案略。回答省略。

（三）发舌面元音时舌尖都在下腭上，舌尖位置不能当作舌位来看。

舌面母音のとき舌尖は下顎の上にあります。舌尖の位置を舌の位置と考えてはいけません。

（四）前者的表述比较专业，使用对象是汉语母语者；后者的表述比较通俗，而且注重与其他语言的对比，使用对象是汉语学习者。

前者の表現は専門的で、中国語母語者を対象とするものです。後者は比較的容易に書かれており、また他の言語との比較においても説明がなされているものです。これは中国語学習者を対象として書かれているものです。

（五）如果一直对学生说“大声点”，会让一些学生受打击，失去信心。可以参考以下方法：老师可以将课堂内容录音，让学生课后回宿舍听听课堂上的表现。学生可以知道其他声音较大的同学和自己的声音大小差距很大。另外，大家应该有过这样的体验，戴上封闭式耳机听音乐的时候，人说话的声音会不自觉地变大。可以让学生通过戴耳机的方法练习大声说话，体会大声说话的感觉（根据个人情况灵活运用这些方法）。

何度も学生に「大きな声で話してください」と言うと、学生はショックを受けて自信を失ってしまうかもしれません。以下の方法を参考にしてみてください：先生が授業の様子を録音して、学生に寮に帰って聴いてもらいます。学生は自分の声が他の学生に比べて小さいことに気付くはずです。また、みなさんは経験があるかと思いますが、ヘッドフォンをつけて音楽を聞いているとき、話す声が自然と大きくなります。学生にヘッドフォンをつけてもらって大きな声を出すときの感覚を会得してもらうのもよいかもしれません（学生の状況に合わせて適宜方法を調整してください）。

（六）留学生爱这样重复表达，比如“对，对，对，对”，“明白，明白”等。有时中国人用这样重复的表达方式是因为有不耐烦的情绪。不过，留学生知道这些汉语表达的语用含义吗？

留学生はよくこのような表現を使います。例えば、「对，对，对，对」、「明白，明白」等。中国人はいらいらしているときにこのような表現を使うことがあります。ただ、留学生はこのような意味を理解しているでしょうか。

四、怎样教声母（一） 声母の教え方（一）

（一）把手放在胸部能不能感觉到送气与否？跟吹纸的方法对比

一下，哪种方法更容易让学生掌握送气和不送气？

手を胸のあたりに置いて、有気音かどうか判断することができるでしょうか。紙吹きの方法と比較してみてください。どちらの方法が学生にとって有気音を会得するのに適しているでしょうか。

（二）日语“ふ”的辅音是双唇擦音，发音时上下唇靠近但不接触；汉语的 f 是唇齿音，发音部位是上齿和下唇，下唇一定要碰到上齿，但不要咬紧。

日本語の「ふ」の子音は両唇音で、発音のとき上下の唇を近づけますが、接触はしません。中国語の f は唇歯音で、上の歯と下唇で発音します。下唇は上の歯と接触しますが、唇を強く噛んではいけません。

（三）日语“ら”的辅音和汉语的 l 读音相似，但是日语“ら”的辅音是闪音，汉语的 l 是边音，两者发音部位相近，发音方法不同。

日本語の「ら」の子音と中国語の l の音はよく似ています。日本語の「ら」の子音ははじき音ですが、中国語の l は側面音です。発音のときの発音部位は似ていますが、発音方法が異なります。

（四）在日本学生学习汉语过程中，声母韵母组合不合规则的情况很少出现。

中国語の学習過程において、日本人学生が声母と韻母を間違って組み合わせるということはほとんど起きません。

（五）有些学生常问“为什么”。说这些话的学生是不是真的想问原因呢？还是有点类似于口头禅＊呢？对日本学生来说，口头禅的可能性更大。

一部の学生はよく「なぜ」と聞いてきます。ただこのような学生は本当に理由を知りたいのでしょうか。それとも何かの口癖なのでしょうか。日本人学生の場合、口癖の可能性が高いと思われます。

五、怎样教复韵母　複韻母の教え方

（一）查查现代汉语教材中声调部分的说明。a 、o 、e、i 、u 、ü 标调按顺序，i、u 并排标后头（i 和 u 连续出现时，声调符号标在后一个字母上，比如：jiù）。因为声调要标在最重要的元音（开口度最大、发音时间最长的元音）上。

現代漢語の教材の声調部分の説明を見てください。a、o、e、i、u、ü が同時に出現した場合は、このa、o、e、i、u、uの順序に従って、声調記号を付けます。また、i と u が同時に出現した場合は、u の上に声調記号を付けます（例えば、jiù）。声調は最も重要な母音（口の開き大きい、発音の時間が長い母音）の上に付けます。

中国学生学拼音时有这样的声调标注口诀："有 a 别放过，没 a 找 o、e，i、u 并列标在后，单个韵母不必说。"但这个不一定适合日本学生。

中国人の学生が声調符号の付け方のルールを学ぶときに以下のような覚え歌があります。「a があったら忘れずその上に、a がなければ o、e の上に、i、u が組み合わせで出現したら後ろの母音の上に。単韻母は言うまでもなし。」ただ、このような覚え方は日本人学生にとって適しているとは限りません。

（二）很多日本学生容易将"uo"发成"o"。

多くの日本人学生は「uo」の音を「o」と発音しがちです。

（三）中国人能听懂，只是稍微有点别扭 *。

中国人は聞き取れると思いますが、不自然に感じるはずです。

（四）带有疑问语气单独发出"啊"的音很像日语里的"あ？"。"あ？"在日语中表示非常不满。而中国人听不清对方的话时，常用"啊？"。

疑問を表す「啊」は日本語の「あ？」の音にとても似ています。「あ？」は日本語において強い不満を表す時に使われます。中国人は相手の話が聞き取れないときによく「啊？」を使います。

六、怎样教声母（二） 声母の教え方（二）

（一）英语中的这几个音是舌叶音，这几个音的发音方法分别和zh、ch、sh、r的发音方法是一样的，但是发音部位不同。

英語のこれらの音はどれも後部歯茎音です。発音方法はそれぞれzh、ch、sh、rと同じですが、発音部位が異なります。

（二）zh、ch、sh是清辅音，r是浊辅音，er是卷舌元音。

zh、ch、shは清子音、rは濁子音、erはそり舌母音です。

（三）答案略。回答省略。

（四）如："学习（xí）"和"学时（shí）"。

例えば、「学习（xí）」と「学时（shí）」。

（五）日本人咂嘴时一般是对某件事或某人表达不满意，平时说话时咂嘴是不太礼貌的。

日本人が舌打ちをするときは普通何かに不満があるときです。ですので、普段の会話において舌打ちをすることは失礼な行為になります。

七、怎样教前后鼻音 前鼻音と奥鼻音の教え方

（一）前鼻音n的发音部位比后鼻音ng靠前。

前鼻音nの発音部位は奥鼻音ngの発音部位よりも前に位置します。

（二）第二个n没有除阻的过程。

二番目のnは開放の過程がありません。

（三）如：“人生（shēng）”和“人参（shēn）”，“当（dāng）心”和“担（dān）心”。

例えば、「人生（shēng）」と「人参（shēn）」，「当（dāng）心」と「担（dān）心」。

（四）例如云南昆明话、甘肃兰州话、上海话等。详细内容可参阅《汉语方言概要（第二版）》（袁家骅等著，语文出版社，2001年）。

例えば、雲南昆明方言、甘粛省蘭州方言、上海方言等。詳細は『汉语方言概要（第二版）』（袁家骅等著，语文出版社，2001年）を参考にしてください。

（五）同一个班里的留学生，学习汉语的进程大体相同，他们的汉语发音、词汇量、所掌握的语法也相似。

同じクラスの留学生は学習の進捗状況も似ていて、発音やボキャブラリー、また知っている文法なども似通っています。

八、怎样教变调 声調の教え方

（一）比如一声连读、二声连读、四声连读时，第一个字的声调都会发生变化，但变化不大。

一声、二声、四声がそれぞれ連続した場合、一つ目の字の声調がどれも変化します。ただどれも大きな変化ではありません。

（二）如：“土（tǔ）地”和“徒（tú）弟”。

例えば、「土（tǔ）地」と「徒（tú）弟」。

（三）答案略。回答省略。

（四）答案略。回答省略。

（五）这个和文化背景不同有关。日本人对汉字字形比较熟悉，

而且有很多汉字的意思跟日语中的汉字一样。拼音和字形结合起来记忆，效果会更好。

これは文化的背景に関係しています。日本人は漢字の字形についてよく理解しています。また多くの漢字において日本語と中国語の意味は同じです。ピンインと字形を組み合わせて覚えることで記憶しやすくなり、学習効果が高まります。

九、怎样教轻声　軽声の教え方

（一）**答案略。**回答省略。

（二）**不读轻声。有些老师会将“的”读成 dé，“着”字读成 zhē（但各个地方情况不一样）。**

軽声で読みません。一部の先生は「的」を dé、「着」を zhē と読みます（各地方によって状況が異なるかもしれません）。

（三）**如：“报酬（•chóu）”和“报仇（chóu）”。**

例えば、「报酬（•chóu）」と「报仇（chóu）」。

（四）**答案略。**回答省略。

（五）**应该理解起来容易一些。外国学生一般先学习非轻读形式，后学习轻读形式。**

理解しやすくなるはずです。外国人学生は普通まず非軽声の形式を学んでから、軽声の形式を学びます。

（六）**能对汉日语音进行对比，找出两者之间的异同，准确把握学生学习的难点和重点等；还可以充分利用母语正迁移 *（positive transfer）来训练学生的汉语发音；也可以有效地避免母语负迁移（negative transfer）的影响。**

中国語と日本語の音の比較をすれば、両者の違い、また学習上の難点についても理解できます。母語の「正の転移（positive transfer）」を利用して発音練習を行ったり、効果的に母語の「負の転移（negative transfer）」の影響を避けることもできます。

十、怎样教儿化音 r 化の教え方

（一）**答案略。**回答省略。

（二）如果省略这些字母可能会带来一些问题。比如“歌（gē）”和“根（gēn）”本来发音不同，儿化以后“歌儿（gēr）”和“根儿（gēr）”却变成了同样的，如果按照儿化后的发音记录的话，便无法分清了。

これらの文字を省略すると問題が起きます。例えば、「歌（gē）」と「根（gēn）」は異なる音ですが、r 化以降同じ音になります。もし r 化後の発音を基に記述すると、この二つの字の違いを判別できません。

（三）**答案略。**回答省略。

（四）应该理解起来会容易一些。留学生一般先学非儿化形式，后学儿化形式。

理解しやすくなるはずです。留学生はまず非 r 化の形式を学んでから、r 化形式を学びます。

词语注释表

単語解説表

下面提供了难词的拼音和日语翻译。难词在正文中用星号来标记，比如：硬腭 *。下表中的词按照在正文里出现的顺序排列。大部分词的日语翻译参照了《讲谈社中日词典》(第二版)(讲谈社，2002年)。少数词(加下画线的词)是这本词典里没有的。

以下に難易度の高い単語のピンインとその日本語訳を示しています。対象はテキスト中に星印が付加されている単語です（例:「硬腭 *」)。単語はテキストでの出現順序に従って並べてあります。ほとんどの単語の日本語訳は『中日辞典』(第二版)(講談社、2002年）から引用しました。少数の単語（下線が引かれている単語）は『中日辞典』(第二版)(講談社、2002年）に載っていない単語です。

关于本教材　本教材について

词　単語	拼音　ピンイン	日语翻译　日本語訳
纠正	jiūzhèng	改める
细致	xìzhì	細心である
查阅	cháyuè	（書類などを）読んで調べる
核心	héxīn	核心。中心
妥	tuǒ	妥当である
贴近	tiējìn	接近する
通俗	tōngsú	大衆的である

一、怎样教发音器官　発声器官の教え方

词　単語	拼音　ピンイン	日语翻译　日本語訳
喉头	hóutóu	のど
声带	shēngdài	声帯
口腔	kǒuqiāng	口腔（こうこう）
一连串	yìliánchuàn	一連の
咽腔	yānqiāng	咽頭腔
支气管	zhīqìguǎn	気管支
肺	fèi	肺
藏	cáng	隠れる
共鸣	gòngmíng	共鳴
唇	chún	唇
软腭	ruǎn'è	軟口蓋（なんこうがい）
摸	mō	（手で）触る
硬腭	yìng'è	硬口蓋（こうこうがい）
模仿	mófǎng	まねる
嘴巴	zuǐba	口
忽～忽～	hū ～ hū ～	～したかと思えば、すぐまた～する
咂嘴	zā zuǐ	舌打ちをする
扩张	kuòzhāng	拡張する
收缩	shōusuō	収縮する
口哨	kǒushào	口笛
嗓子	sǎngzi	のど
忌	jì	（悪習などを）絶つ
内窥镜	nèikuījìng	内視鏡
烫	tàng	やけどをする
堵	dǔ	ふさぐ

续表

词　単語	拼音　ピンイン	日语翻译　日本語訳
凹凸	āo tū	でこぼこ
尖	jiān	（とがっている物の）先
齿龈	chǐyín	歯茎
恶心	ěxin	吐き気を催す
弯	wān	湾曲している
伸	shēn	伸ばす
物美价廉	wù měi jià lián	品質がよくて値段が安い
窈窕	yǎotiǎo	（容姿などが）上品で美しい
淑女	shūnǚ	淑女
诊断	zhěnduàn	診断する
费劲	fèi jìn	苦労する
隐瞒	yǐnmán	隠してごまかす
药方	yàofāng	処方箋

二、怎样教声调　声調の教え方

词　単語	拼音　ピンイン	日语翻译　日本語訳
松紧	sōngjǐn	きつさ
地三鲜	dìsānxiān	じゃがいもとなすびを使った北方地方の料理
油腻	yóunì	脂っこい
晃动	huàngdòng	揺れ動く
朗诵	lǎngsòng	朗読する
摆脱	bǎituō	（悪い状態から）抜け出す
填充	tiánchōng	（空所を）満たす
尴尬	gāngà	気まずい

续表

词　単語	拼音　ピンイン	日语翻译　日本語訳
轮廓	lúnkuò	輪郭
箭头	jiàntóu	矢印
死记硬背	sǐ jì yìng bèi	丸暗記する
跨栏	kuà lán	ハードル競走
间隔	jiàngé	間隔
节奏	jiézòu	リズム
阿姆斯特丹	Āmǔsītèdān	アムステルダム（オランダ）
按钮	ànniǔ	押しボタン
缓慢	huǎnmàn	ゆっくりしている
编辑	biānjí	編集する

三、怎样教单韵母　単韻母の教え方

词　単語	拼音　ピンイン	日语翻译　日本語訳
罗马字母	luómǎ zìmǔ	ローマ字
文摘	wénzhāi	抜粋
夸张	kuāzhāng	大げさに言う
圆唇	yuánchún	円唇
玻璃	bōli	ガラス
扁	biǎn	扁平（へんぺい）である
模糊	móhu	はっきりしない
蜡烛	làzhú	ろうそく
抬	tái	持ち上げる
摔跤	shuāijiāo	レスリング
陡	dǒu	勾配（こうばい）がきつい

四、怎样教声母（一） 声母の教え方（一）

词 単語	拼音 ピンイン	日语翻译 日本語訳
塞音	sèyīn	破裂音
擦音	cāyīn	摩擦音
冲	chōng	水で洗い落す
搓	cuō	（手で何かを）こする
过犹不及	guò yóu bù jí	過ぎたるはなお及ばざるがごとし
歧义	qíyì	文字や言葉の二つ以上の意義
折腾	zhēteng	苦しめる
捏	niē	つまむ
咬	yǎo	かむ
摩擦	mócā	摩擦する
蛀牙	zhùyá	虫歯
啄木鸟	zhuómùniǎo	キツツキ
鼻孔	bíkǒng	鼻の穴
空隙	kòngxì	すきま
粗糙	cūcāo	ざらざらしている
哈	hā	口を大きく開けて息を吐く
暖和	nuǎnhuo	暖かい
灰尘	huīchén	ほこり
地道	dìdao	正真正銘の
探索	tànsuǒ	探索する
洞穴	dòngxué	洞窟
套圈	tàoquān	輪投げをする

五、怎样教复韵母　複韻母の教え方

词　単語	拼音　ピンイン	日语翻译　日本語訳
入乡随俗	rù xiāng suí sú	郷に入っては郷に従え
响亮	xiǎngliàng	（声や音が）高くてはっきりしている
遵循	zūnxún	守り従う
颗	kē	小さい球状のものあるいは粒状のものを数える

六、怎样教声母（二）　声母の教え方（二）

词　単語	拼音　ピンイン	日语翻译　日本語訳
阻碍	zǔ'ài	妨げる
翘	qiào	跳ね上がる
赞扬	zànyáng	称賛する

七、怎样教前后鼻音　前鼻音と奥鼻音の教え方

词　単語	拼音　ピンイン	日语翻译　日本語訳
依赖	yīlài	頼る
积少成多	jī shǎo chéng duō	ちりも積もれば山となる
配件	pèijiàn	構成部品
混淆	hùnxiáo	混同する

八、怎样教变调　変調の教え方

词　単語	拼音　ピンイン	日语翻译　日本語訳
阴影	yīnyǐng	暗い影
恐惧	kǒngjù	恐れる
潜水	qiánshuǐ	潜水する

续表

词　単語	拼音　ピンイン	日语翻译　日本語訳
闷	mēn	（空気がよどんで）うっとうしい
别扭	bièniu	（話や文章の）筋道が通っていない
赌注	dǔzhù	賭博に賭ける金

九、怎样教轻声　軽声の教え方

词　単語	拼音　ピンイン	日语翻译　日本語訳
自不量力	zì bú liàng lì	自分の力をわきまえない

十、怎样教儿化　r化の教え方

词　単語	拼音　ピンイン	日语翻译　日本語訳
迥然	jiǒngrán	はるかにかけ離れているさま

十一、最后十分钟　最後の十分間

词　単語	拼音　ピンイン	日语翻译　日本語訳
重蹈覆辙	chóng dǎo fù zhé	前の過ちを繰り返す

课堂游戏的介绍　授業用ゲームの紹介

词　単語	拼音　ピンイン	日语翻译　日本語訳
依此类推	yī cǐ lèi tuī	このことから類推する
坡	pō	坂
坑	kēng	地面のへこみ
滑	huá	滑る
排头	páitóu	列の先頭
卡片	kǎpiàn	カード
悄悄话	qiāoqiāohuà	内緒話
淘汰	táotài	淘汰（とうた）する

续表

词　単語	拼音　ピンイン	日语翻译　日本語訳
宾戈	bīngē	ビンゴゲーム
勾	gōu	チェックする

“课后讨论与思考”部分参考答案与提示

「授業後の討論と考察」の一部解答とヒント

词　単語	拼音　ピンイン	日语翻译　日本語訳
沿袭	yánxí	踏襲する
痕迹	hénjì	痕跡
口头禅	kǒutóuchán	口癖
迁移	qiānyí	移転する

附录（一）国际音标简表

付録（一）国際音声記号簡易表

	发音方法＼发音部位			双唇（上唇下唇）	唇齿（上齿下唇）	舌尖前（舌尖齿背）	舌尖中（舌尖上齿龈）	舌尖后（舌尖硬腭前）	舌叶	舌面前（舌面前硬腭前）	舌面中（舌面中硬腭）	舌面后（舌面后软腭）	喉
辅音	塞音	清	不送气	p			t				c	k	ʔ
			送气	p‘			t‘				c‘	k‘	
		浊		b			d					g	
	塞擦音	清	不送气		pf	ts		tʂ	tʃ	tɕ			
			送气		pf‘	ts‘		tʂ‘	tʃ‘	tɕ‘			
		浊				dz		dʐ	dʒ	dʑ			
	鼻音	浊		m	ɱ		n	ɳ		ȵ		ŋ	
	闪音	浊						ɽ					
	边音	浊					l						
	擦音	清		ɸ	f	s		ʂ	ʃ	ɕ	ç	x	h
		浊		β	v	z		ʐ	ʒ	ʑ	j	ɣ	ɦ
	半元音	浊		w ɥ	ʋ						j(ɥ)	w	

	舌位＼唇形＼口腔＼类别			舌尖元音					舌面元音						
	舌位			前		央	后		前		央			后	
				不圆	圆	自然	不圆	圆	不圆	圆	不圆	自然	圆	不圆	圆
元音	高	最高	闭	ɿ	ʮ		ʅ	ʯ	i	y				ɯ	u
		次高							ɪ						ɷ
	中	高中	半闭						e	ø		ə		ɤ	o
		正中				ɚ									
		低中	半开						ɛ	œ		(ɚ)		ʌ	ɔ
	低	次低							æ			ɐ			
		最低	开						a			A		ɑ	ɒ

附录（二）汉语拼音方案

付録（二）漢語ピンイン方案

一、字母表

字母	Aa	Bb	Cc	Dd	Ee	Ff	Gg
名称	ㄚ	ㄅㄝ	ㄘㄝ	ㄉㄝ	ㄜ	ㄝㄈ	ㄍㄝ
	Hh	Ii	Jj	Kk	Ll	Mm	Nn
	ㄏㄚ	ㄧ	ㄐㄧㄝ	ㄎㄝ	ㄝㄌ	ㄝㄇ	ㄋㄝ
	Oo	Pp	Qq	Rr	Ss	Tt	
	ㄛ	ㄆㄝ	ㄑㄧㄡ	ㄚㄦ	ㄝㄙ	ㄊㄝ	
	Uu	Vv	Ww	Xx	Yy	Zz	
	ㄨ	ㄪㄝ	ㄨㄚ	ㄒㄧ	ㄧㄚ	ㄗㄝ	

V 只用来拼写外来语、少数民族语言和方言。
字母的手写体依照拉丁字母的一般书写习惯。

二、声母表

b	p	m	f	d	t	n	l
ㄅ玻	ㄆ坡	ㄇ摸	ㄈ佛	ㄉ得	ㄊ特	ㄋ讷	ㄌ勒
g	k	h		j	q	x	
ㄍ哥	ㄎ科	ㄏ喝		ㄐ基	ㄑ欺	ㄒ希	
zh	ch	sh	r	z	c	s	
ㄓ知	ㄔ蚩	ㄕ诗	ㄖ日	ㄗ资	ㄘ雌	ㄙ思	

在给汉语注音的时候，为了使拼式简短，zh ch sh 可以省作 ẑ ĉ ŝ。

三、韵母表

	i 丨　衣	u ㄨ　乌	ü ㄩ　迂
a ㄚ　啊	ia 丨ㄚ　呀	ua ㄨㄚ　蛙	
o ㄛ　喔		uo ㄨㄛ　窝	
e ㄜ　鹅	ie 丨ㄝ　耶		üe ㄩㄝ　约
ai ㄞ　哀		uai ㄨㄞ　歪	
ei ㄟ　欸		uei ㄨㄟ　威	
ao ㄠ　熬	iao 丨ㄠ　腰		
ou ㄡ　欧	iou 丨ㄡ　忧		
an ㄢ　安	ian 丨ㄢ　烟	uan ㄨㄢ　弯	üan ㄩㄢ　冤
en ㄣ　恩	in 丨ㄣ　因	uen ㄨㄣ　温	ün ㄩㄣ　晕
ang ㄤ　昂	iang 丨ㄤ　央	uang ㄨㄤ　汪	
eng ㄥ　亨的韵母	ing 丨ㄥ　英	ueng ㄨㄥ　翁	
ong （ㄨㄥ） 轰的韵母	iong ㄩㄥ　雍		

（1）“知、蚩、诗、日、资、雌、思”等七个音节的韵母用i，即：知、蚩、诗、日、资、雌、思等字拼作zhi，chi，shi，ri，zi，ci，si。

（2）韵母儿写成er，用作韵尾的时候写成r，例如，“儿童”拼作értóng，“花儿”拼作huār。

（3）韵母ㄝ单用的时候写成 ê。

（4）i 行的韵母，前面没有声母的时候，写成 yi（衣），ya（呀），ye（耶），yao（腰），you（优），yan（烟），yin（因），yang（央），ying（英），yong（雍）。

u 行的韵母，前面没有声母的时候，写成 wu（乌），wa（蛙），wo（窝），wai（歪），wei（威），wan（弯），wen（温），wang（汪），weng（翁）。

ü 行的韵母，前面没有声母的时候，写成 yu（迂），yue（约），yuan（冤），yun（晕），ü 上两点省略。

ü 行的韵母跟声母 j，q，x 拼的时候，写成 ju（居），qu（区），xu（虚），ü 上两点也省略；但是跟声母 n，l 拼的时候，仍然写成 nü（女），lü（吕）。

（5）iou，uei，uen 前面加声母的时候，写成 iu，ui，un。例如，niu（牛），gui（归），lun（论）。

（6）在给汉字注音的时候，为了使拼式简短，ng 可以省作 ŋ。

四、声调符号

阴平	阳平	上声	去声
ˉ	ˊ	ˇ	ˋ

声调符号标在音节的主要母音上，轻声不标。例如：

妈 mā	麻 má	马 mǎ	骂 mà	吗 ma
（阴平）	（阳平）	（上声）	（去声）	（轻声）

五、隔音符号

a，o，e 开头的音节连接在其他音节后面的时候，如果音节的界限发生混淆，用隔音符号（’）隔开，例如，pi’ao（皮袄）。

附录（三）普通话声韵配合总表

付録（三）普通語声母ー韻母組合せ表

韵母 音节 声母	开口呼													
	-i	a	o	e	er	ê	ai	ei	ao	ou	an	en	ang	eng
b		ba 巴	bo 玻				bai 掰	bei 杯	bao 包		ban 班	ben 奔	bang 帮	beng 崩
p		pa 趴	po 坡				pai 拍	pei 胚	pao 抛	pou 剖	pan 攀	pen 喷	pang 旁	peng 烹
m		ma 妈	mo 摸	me 么			mai 埋	mei 煤	mao 猫	mou 谋	man 蛮	men 门	mang 忙	meng 萌
f		fa 发	fo 佛					fei 非		fou 否	fan 翻	fen 分	fang 方	feng 风
d		da 搭		de 的			dai 呆	dei 得	dao 刀	dou 兜	dan 单	den 扽	dang 档	deng 登
t		ta 他		te 特			tai 胎		tao 涛	tou 偷	tan 滩		tang 汤	teng 疼
n		na 拿		ne 讷			nai 奶	nei 内	nao 脑	nou 耨	nan 难	nen 嫩	nang 囊	neng 能
l		la 拉		le 勒			lai 来	lei 雷	lao 劳	lou 楼	lan 蓝		lang 郎	leng 冷
g		ga 嘎		ge 哥			gai 该	gei 给	gao 高	gou 沟	gan 甘	gen 根	gang 刚	geng 更
k		ka 咖		ke 科			kai 开	kei 剋	kao 考	kou 抠	kan 刊	ken 肯	kang 糠	keng 坑
h		ha 哈		he 喝			hai 孩	hei 黑	hao 毫	hou 侯	han 寒	hen 痕	hang 夯	heng 哼
j														
q														
x														
zh	zhi 知	zha 渣		zhe 遮			zhai 摘	zhei 这	zhao 招	zhou 周	zhan 沾	zhen 真	zhang 章	zheng 争
ch	chi 吃	cha 插		che 车			chai 拆		chao 抄	chou 抽	chan 搀	chen 尘	chang 昌	cheng 成
sh	shi 师	sha 纱		she 赊			shai 筛	shei 谁	shao 烧	shou 收	shan 山	shen 深	shang 伤	sheng 生
r	ri 日			re 热					rao 饶	rou 柔	ran 然	ren 人	rang 让	reng 扔
z	zi 资	za 杂		ze 责			zai 灾	zei 贼	zao 遭	zou 走	zan 咱	zen 怎	zang 脏	zeng 增
c	ci 雌	ca 擦		ce 测			cai 猜		cao 槽	cou 凑	can 蚕	cen 岑	cang 仓	ceng 层
s	si 私	sa 撒		se 色			sai 腮		sao 嫂	sou 搜	san 三	sen 森	sang 桑	seng 僧
零		a 啊	o 喔	e 鹅	er 儿	ê 欸	ai 哀	ei 欸	ao 熬	ou 欧	an 安	en 恩	ang 昂	eng 鞥

（续表）

韵母 / 音节 / 声母	齐齿呼									合口呼		
	i	ia	ie	iao	iou	ian	in	iang	ing	u	ua	uo
b	bi 逼		bie 别	biao 标		bian 边	bin 宾		bing 兵	bu 不		
p	pi 批		pie 瞥	piao 飘		pian 偏	pin 拼		ping 平	pu 扑		
m	mi 眯		mie 灭	miao 妙	miu 谬	mian 棉	min 民		ming 名	mu 木		
f										fu 夫		
d	di 低		die 爹	diao 叼	diu 丢	dian 颠			ding 丁	du 督		duo 多
t	ti 踢		tie 贴	tiao 条		tian 天			ting 听	tu 秃		tuo 脱
n	ni 泥		nie 捏	niao 鸟	niu 牛	nian 年	nin 您	niang 娘	ning 宁	nu 奴		nuo 挪
l	li 离	lia 俩	lie 列	liao 撩	liu 流	lian 连	lin 林	liang 粮	ling 铃	lu 炉		luo 罗
g										gu 姑	gua 瓜	guo 锅
k										ku 哭	kua 夸	kuo 阔
h										hu 呼	hua 花	huo 活
j	ji 基	jia 家	jie 接	jiao 交	jiu 纠	jian 间	jin 今	jiang 江	jing 京			
q	qi 欺	qia 掐	qie 切	qiao 敲	qiu 球	qian 牵	qin 亲	qiang 枪	qing 轻			
x	xi 希	xia 虾	xie 些	xiao 消	xiu 休	xian 先	xin 新	xiang 香	xing 兴			
zh										zhu 珠	zhua 抓	zhuo 捉
ch										chu 初	chua 欻	chuo 戳
sh										shu 书	shua 刷	shuo 说
r										ru 如		ruo 若
z										zu 租		zuo 昨
c										cu 粗		cuo 错
s										su 苏		suo 锁
零	yi 衣	ya 压	ye 耶	yao 腰	you 优	yan 烟	yin 因	yang 央	ying 英	wu 乌	wa 蛙	wo 窝

（续表）

韵母 音节 声母	合口呼							撮口呼				
	uai	uei	uan	uen	uang	ueng	ong	ü	üe	üan	ün	iong
b												
p												
m												
f												
d		dui 堆	duan 端	dun 蹲			dong 东					
t		tui 推	nuan 暖				tong 通					
n			luan 峦	lun 轮			nong 农	nü 女	nüe 虐			
l							long 龙	lü 驴	lüe 略			
g	guai 乖	gui 归	guan 关	gun 滚	guang 光		gong 工					
k	kuai 快	kui 亏	kuan 宽	kun 坤	kuang 筐		kong 空					
h	huai 怀	hui 灰	huan 欢	hun 昏	huang 黄		hong 红					
j								ju 居	jue 决	juan 捐	jun 军	jiong 窘
q								qu 区	que 缺	quan 全	qun 群	qiong 穷
x								xu 虚	xue 靴	xuan 宣	xun 勋	xiong 兄
zh	zhuai 拽	zhui 追	zhuan 专	zhun 准	zhuang 庄		zhong 中					
ch	chui 揣	chui 吹	chuan 穿	chun 春	chuang 窗		chong 充					
sh	shuai 摔	shui 水	shuan 栓	sun 顺	shuang 双							
r		rui 瑞	ruan 软	run 润			rong 荣					
z		zui 最	zuan 钻	zun 尊			zong 宗					
c		cui 催	cuan 氽	cun 村			cong 从					
s		sui 随	suan 酸	sun 孙			song 松					
零	wai 歪	wei 威	wan 弯	wen 温	wang 汪	weng 翁		yu 迂	yue 约	yuan 冤	yun 晕	yong 用

附录（四）日语五十音图国际音标对照表

付録（四）日本語五十音図－国際音声記号対応表

カ		ク	ケ	コ	[ka		kɯ	ke	ko]
キャ	キ	キュ		キョ	[k^{j}ja	k^{j}i	k^{j}jɯ		k^{j}jo]
サ	スィ	ス	セ	ソ	[sa	s^{j}i	sɯ	se	so]
シャ	シ	シュ	シェ	ショ	[ɕa	ɕi	ɕɯ	ɕe	ɕo]
タ	ティ	トゥ	テ	ト	[ta	t^{j}i	tɯ	te	to]
		テュ			[		t^{j}jɯ		]
チャ	チ	チュ	チェ	チョ	[tɕa	tɕi	tɕɯ	tɕe	tɕo]
ツァ	ツィ	ツ	ツェ	ツォ	[tsa	ts^{j}i	tsɯ	tse	tso]
ハ			ヘ	ホ	[ha			he	ho]
ヒャ	ヒ	ヒュ	ヒェ	ヒョ	[ça	çi	çɯ	çe	ço]
ファ		フ	フェ	フォ	[ɸa		ɸɯ	ɸe	ɸo]
	フィ	フュ		フョ	[	ɸ^{j}i	ɸ^{j}jɯ		ɸ^{j}o]
パ		プ	ペ	ポ	[pa		pɯ	pe	po]
ピャ	ピ	ピュ		ピョ	[p^{j}ja	p^{j}i	p^{j}jɯ		p^{j}jo]
ア	イ	ウ	エ	オ	[a	i	ɯ	e	o]
ヤ		ユ	イェ	ヨ	[ja		jɯ	je	jo]
ワ	ウィ	ウェ		ウォ	[ɰa	ɰi	ɰɯ	ɰe	ɯo]
ガ		グ	ゲ	ゴ	[ga		gɯ	ge	go]
ギャ	ギ	ギュ		ギョ	[g^{j}ja	g^{j}i	g^{j}jɯ		g^{j}jo]
ザ	ズィ	ズ	ゼ	ゾ	[dza	dz^{j}i	dzɯ	dze	dzo]
					[za	z^{j}i	zɯ	ze	zo]
ヂャ	ヂ	ヂュ	ヂェ	ヂョ	[dʑa	dʑi	dʑɯ	dʑe	dʑo]
					[ʑa	ʑi	ʑɯ	ʑe	ʑo]
ダ	ディ	ドゥ	デ	ド	[da	d^{j}i	dɯ	de	do]
		デュ			[		d^{j}jɯ		]
ナ		ヌ	ネ	ノ	[na		nɯ	ne	no]
ニャ	ニ	ニュ		ニョ	[ɲa	ɲi	ɲɯ	ɲe	ɲo]
バ		ブ	ベ	ボ	[ba		bɯ	be	bo]
ビャ	ビ	ビュ		ビョ	[b^{j}ja	b^{j}i	b^{j}jɯ		b^{j}jo]
マ		ム	メ	モ	[ma		mɯ	me	mo]
ミャ	ミ	ミュ		ミョ	[m^{j}ja	m^{j}i	m^{j}jɯ		m^{j}jo]
ラ		ル	レ	ロ	[ɾa		ɾɯ	ɾe	ɾo]
リャ	リ	リュ		リョ	[ɾ^{j}ja	ɾ^{j}i	ɾ^{j}jɯ		ɾ^{j}jo]

（摘自《日语语音学》，蔡全胜，大连出版社，2007年，第328～329页）

参考文献

参考文献

北京大学中文系现代汉语教研室（2012）《现代汉语（增订本）》，商务印书馆。

蔡全胜（2007）《日语语音学》，大连出版社。

曹　文（2010）《现代汉语语音答问》，北京大学出版社。

崔永华、杨寄洲（2002）《汉语课堂教学技巧》，北京语言大学出版社。

胡裕树（1995）《现代汉语》，上海教育出版社。

黄伯荣、廖序东（2006）《现代汉语（增订四版）（上册）》，高等教育出版社。

黎小说、黎元媛（2008）《英语发音全解》，世界图书出版社。

李怀墉（1996）《日语语音答问》，商务印书馆。

李　军（2006）《普通话水平测试训练教程》，吉林大学出版社。

林　焘、王理嘉（1992）《语音学教程》，北京大学出版社。

林　焘、王理嘉著，王韫佳、王理嘉增订（2013）《语音学教程（增订版）》，北京大学出版社。

刘富华主编，刘富华、李铁、吕文杰编著（2006）《汉语语音训练教程》，北京语言大学出版社。

陆俭明主编，曹文编著（2010）《现代汉语语音答问》，北京大学出版社。

人民教育出版社、光村图书出版株式会社合作编写（2005）《新版标准日本语　初级（上）》，人民教育出版社。

邵敬敏（2007）《现代汉语通论（第二版）》，上海教育出版社。

沈禾玲、蔡真慧、周虞农（2006）《汉语拼音入门》，北京语言大学出版社。

王　力（2003）《汉语音韵》，中华书局。
王顺洪（2008）《日本人汉语学习研究》，北京大学出版社。
叶蜚声、徐通锵著，王洪君、李娟修订（2010）《语言学纲要（修订版）》，北京大学出版社。
袁家骅等（2001）《汉语方言概要》，语文出版社。
中国社会科学院语言研究所词典编辑室（2012）《现代汉语词典（第六版）》，商务印书馆。
周　健（2009）《汉语课堂教学技巧325例》，北京语言大学出版社。
朱德熙（1985）《语法答问》，商务印书馆。
朱晓农（2010）《语音学》，商务印书馆。
Baker, Ann（2007）. *Ship or Sheep? An intermediate pronunciation course*（third edition）. Cambridge University Press.
Ladefoged, Peter（2006）. *A course in phonetics*（fifth edition）. Wadsworth.
日本音響学会（1996）『音のなんでも小辞典』、講談社。
相原茂（2002）『講談社中日辞典』、講談社。
小泉保（2003）『音声学入門（改訂版）』、大学書林。
中村健太郎（2005）『音のしくみ』、ナツメ社。